Die SCHNELLSTEN der Straße

Die SCHNELLSTEN der Straße

Motorbuch Verlag

Copyright © 1989 by Éditions Presse Audiovisuel
Die Originalausgabe ist erschienen unter dem Titel
Plus de 250 à l'heure

Die Übertragung ins Deutsche besorgte Renate Daric

ISBN 3-613-01318-5

1. Auflage 1990
Copyright © by Motorbuch Verlag, Postfach 10 3743, 7000 Stuttgart 10.
Ein Unternehmen der Paul Pietsch-Verlage GmbH & Co.
Sämtliche Rechte der Speicherung, Vervielfältigung und Verbreitung
in deutscher Sprache sind vorbehalten.
Satz: B. Biedermann, Stuttgart
Druck: G.E.P. - Cremona
Bindung: G.E.P. - Cremona
Printed in Italy

INHALT

ALPINE V6 TURBO

Der Alpine ist bei Renault so etwas wie das Flugzeug »Stealth«. Es sieht fast so aus, als sollt er um jeden Preis unbemerkt bleiben. Wie viele Franzosen, von den Nichtfranzosen ganz abgesehen, wissen denn überhaupt, daß auch Frankreich seinen Porsche besitzt, einen echten Sportwagen mit Charakter und Leistungen eines 911, zum Preis eines 944?

Es ist nicht ganz zu verstehen, warum die Régie ihn wie ein schmachvolles Objekt versteckt. Als der glücklicherweise unnachahmliche Zachary De Lorean seinen Sportwagen herausbringen wollte, fiel ihm nichts besseres ein, als den Alpine mit Kunststoffkarosserie, Zentralrohrrahmen und überhängendem Heck-V6 nachzubauen, allerdings ohne dessen Flügeltüren.

Dem Alpine V6 Turbo fehlt es gewiß nicht an Vorzügen. Mit 240 000 Francs, d. h. rund DM 80 000, sind seine 250 km/h Spitze die preisgünstigsten auf dem internationalen Markt. Der Klang seines Motors erinnert an den des berühmten Stuttgarter Sechszylinder-Boxers, dazu kommt eine Sanftheit und Gefügigkeit, die der andere nicht immer erreicht. Sein Fahrverhalten trägt Sicherheit wie Fahrvergnügen gleichermaßen Rechnung.

Seine Karosserie gleicht keiner anderen, und selbst wenn die Erscheinung etwas überholbedürftig wirkt (eine im übrigen nicht von jedermann geteilte Meinung), so genügt ein Blick in Richtung des bereits zitierten deutschen Konstrukteurs, um festzustellen, daß eine altmodische Karosserie kein Handicap zu sein braucht.

Da haben wir also eine Grand-Tourisme-Berlinetta, d. h. ein geschlossenes, schnelles, sicheres, komfortables und vor allem sportliches Modell, das sich auf Wunsch in einen reinrassigen Sportwagen verwandeln kann. Ja, aber wo ist dabei der Haken? Der Alpine leidet aber vor allem an mangelnder Überzeugung: Mangelnde Überzeugung seitens der Régie, die andere Sorgen hat und offenbar Wert darauf legt, alles zu vermeiden, was ihr Mißgeschick in der Formel 1 in Erinnerung bringen könnte; mangelnde Überzeugung seitens des Konstrukteurs, auf den die Régie zu starken Druck ausgeübt hat; mangelnde Überzeugung seitens der Kundschaft, die

Mit der Charakteristik und den Fahrleistungen eines Porsche 911 für den Preis eines 944 kann der Alpine V6 Turbo als französischer Porsche gelten. Seine 250 km/h sind wahrscheinlich die billigsten auf der Welt.

Außenspiegel-Entfroster und samt-
bezogenes Interieur für die Version
1989 des Alpine V6 Turbo.

Die Sitzposition ist fast perfekt, aber das Instrumentenbrett erinnert zu sehr an die Renault-Modelle der unteren Preisklasse. Auch das Lenkrad hat Supermarkt-Charakter.

sich über die wahre Identität des Autos nicht ganz im klaren und ist und seine Existenz leicht vergißt.

Die Originalversion des Alpine, der Prototyp A310, ist schon 1971 entstanden. Bevor Sie ihn aber als veraltet abtun, und um nicht noch einmal den Vergleich mit dem Porsche 911 zu bemühen, sei daran erinnert, daß er zusammen mit dem noch heute unverändert modern wirkenden Lamborghini Countach in Genf ausgestellt wurde.

Man kann übrigens beobachten, daß Hochleistungsmodelle heute allgemein langlebiger sind als früher und oft direkt vom Modellkatalog zum Automobilmuseum überwechseln. Die Karosserie des Basis-A130 war offensichtlich dem Monteverdi, einem kaum bekannten Schweizer Automobil, nachempfunden aber wer erinnert sich heute noch daran? Wie beim Porsche 911, der doch noch einmal zum Vergleich herangezogen werden muß, hatte man den Motor wohlüberlegt freitragend hinter der Hinterachse eingebaut: Es sollte Raum für zwei weitere Sitzplätze geschaffen werden. Der A310 war ein echter »2+2«. Den Höhepunkt seiner Entwicklung erreichte er erst 1976 mit dem Leichtmetall-V6, Resultat der Verbindung Peugeot-Renault-Volvo. Aber auch dieser V6 hatte Anfangs Schwächen. Mit seinen sechs im 90-Winkel angeordneten Zylindern funktionierte er ungefähr wie ein V8 mit zwei lahmgelegten Zündkerzen. Man kann sich das Resultat leicht vorstellen. Sein Bestes gab der V6 erst mit elektronischer Einspritzung und insbesondere einer neuen Kurbelwelle mit versetzten Zapfen. Das war im Jahr 1985. Damals hatte man die Karosserie des A310 auf der Basis des Originalentwurfs neu überarbeitet. Ob das besser unterblieben wäre? Gar nicht so sicher. Die Falt- und Knick-Stil-Mode ist nicht mehr gefragt, an ihrer Stelle sieht man wieder vermehrt glatte Flächen und runde Linien. Dieses gewisse »Extra« hat in der Geschichte des Alpine-V6 immer gefehlt. Seine Linien hätten zur Avantgarde im Karosseriedesign gehören können.

Die ehemals kritische, für den Fahrer geradezu beunruhigend schlechte Richtungsstabilität war dank diskreter aber effektvoller aerodynamischer Elemente, verlängertem Radstand und breiteren Hinter- als Vorderreifen grundlegend verbessert worden.

Die Misch-Bauweise des Alpine V6 mit selbsttragender, aus einem stählernen Mittelrohrrahmen und einem Kunststoffaufbau bestehender Struktur erinnert eher an Lotus als an Porsche.

Mit seinen Leichtmetallfelgen mit integrierter "Turbine" zur Bremsbelüftung sieht der Alpine V6 Turbo wie ein Bugatti aus, ein Vergleich, bei dem der Renault auch sonst gut abschneidet.

MOTOR:
- **Position:** Heckmotor mit Überhang.
- **Anordnung:** längs.
- **Typ:** Renault Turbo V6-90°.
- **Kühlung:** Flüssigkeitskühlung, Kühler im Bug mit zwei thermostatisch gesteuerten Kühlerventilatoren.
- **Hubraum:** 2 458 cm³.
- **BohrungxHub:** 91 x 63 mm.
- **Verdichtung:** 8,6 : 1.
- **Bauart:** Block und Zylinderköpfe aus Aluminiumlegierung, nasse abnehmbare Laufbuchsen, Kurbelwelle mit 4 Lagern.
- **Ventilsteuerung:** 2 Nockenwellen mit Kettenantrieb.
- **Gemischaufbereitung:** Elektronische Integral-Einspritzung «Renix» + Turbolader Garrett T3 mit Luft/Luft-Wärmeaustauscher.
- **Zündung:** Transistorisiert ohne Unterbrecher.
- **Max. Leistung:** 200 DIN-PS (147 kW) bei 5750/min.
- **Max. Drehmoment:** 29,6 mkg (290 Nm) bei 2500/min.

KRAFTÜBERTRAGUNG
- **Antrieb:** Auf die Hinterräder.
- **Getriebe/Hinterachsantrieb:** Vollsynchronisiertes Getriebe Renault R25 mit 5 Gängen und RG.
- **Kupplung:** Hydraulische Einscheiben-Trockenkupplung.
- **Achsübersetzung:** 3,444 : 1 (9/31).
- **Getriebeübersetzungen:** I. 3.364, II. 2.059, III. 1.381, IV. 0.964, V. 0.756.

KAROSSERIE UND FAHRWERK
- **Rahmenstruktur:** Selbsttragender Zentralträgerrahmen aus Stahl mit Karosserie aus Schicht-Polyester.
- **Karosserie:** GT-Coupé mit 2 Türen und 2x2 Sitzplätzen.
- **Luftwiderstandsindex Cw:** 0,30
- **Stirnfläche S:** 1,71 m².
- **Radaufhängung:** Einzeln an doppelten Dreieckslenkern, Federbeinen mit Schraubenfeder und Teleskop-Stoßdämpfer, Querstabilisator.

10

Wie allzu oft bei Hochleistungsmodellen wirkt die Karosserie fortschrittlicher als die Innenraumgestaltung. Trotz erkennbarer Bemühungen bestätigt der A310 die Regel. Die Ausstattung ist zwar nicht ganz so streng nüchtern wie die eines Porsche, weniger dürftig als die eines Ferrari, aber letztlich auch nicht geschmackvoller. Plastik-Formteile sind hier allgegenwärtig, wie in einer Spielzeugabteilung eines Warenhauses. Von der wenig attraktiven Aufmachung jedoch abgesehen, sind die Instrumente gut lesbar und die Ergonomie, wie es so schön heißt, ist perfekt. Das gleiche gilt von der nahezu idealen Sitzposition. Die Hände finden wie von selbst Schalthebel und Lenkrad, selbst wenn letzteres aus dem nächsten Supermarkt zu kommen scheint.

Bisher (d. h. bis zum Sommer 1988) hat sich die Turbo-Version des Alpine V6 mit einem 2,5-l-Motor begnügt, während das Basismodell mit dem 2,85-l-V6 ausgestattet ist, der auch den Renault 25 und den Peugeot 305 antreibt.

Die Leistung klettert mit dem Garrett-Turbolader mit Luft/Luft- Wärmeaustauscher und unter Mithilfe eines von Renix nach Formel-1-Erfahrungen entwickelten Systems mit elektronisch geregelter Kraftstoff-Einspritzung und Integral-Transistor- Zündung auf 200 PS bei 5750/min.

Das schon bei 2500/min erreichte Drehmoment von 30 mkg ist die Gewähr für Laufkultur und gefügige Fahrreaktionen.

Die Hinterräder, auf denen 62% des Gesamtgewichts ruhen, haften trotz allem unbeirrbar am Boden, und der Alpine stellt sich nicht nach Dragster-Manier auf die Hinterbeine. Die leichte Front gehört zu den eher angenehmen Besonderheiten... wenigsten sobald man daran gewöhnt ist.

Das niedrige Geräuschniveau ist ein weiterer Vorteil der Position des Motors am äußeren Ende des Autos. Der A310 gehört zu den im Fahrbetrieb ruhigsten Modellen der GT-Kategorie. Seine Insassen hören jeden Ton der Hi-Fi-Anlage mit 4-Wege-Lautsprecher.

Aber wie es scheint, ist bereits eine Turbo-Version des stärkeren 2,85-V6 in Vorbereitung, die 265 PS erreichen soll. Damit verließe der Alpine V6 Turbo das Hoheitsgebiet der Porsche und stieße in das der Ferrari vor.

- **Lenkung:** Zahnstange.
- **Bremsen:** Innenbelüftete Scheibenbremsen; Zweikreissystem mit Bremskraftverstärker und Antiblockiersystem wahlweise.
- **Felgen:** Einteilig, Leichtmetall, vorn: 6x15 Zoll, hinten: 8,5x15 Zoll.
- **Reifen:** Pirelli P700; vorn: 195/50 VR 15; hinten: 255/45 VR 15.

ABMESSUNGEN UND GEWICHTE

- **Radstand:** 2 339 mm.
- **Spur vorn/hinten:** 1 493/1 462 mm.
- **Gesamtlänge:** 4 330 mm.
- **Breite:** 1 754 mm.
- **Höhe:** 1 197 mm.
- **Tankinhalt:** 72 Liter.
- **Zul. Gesamtgewicht:** 1 210 kg.
- **Gewichtsverteilung vorn/hinten:** 470/780 kg.

FAHRLEISTUNGEN

- **Höchstgeschwindigkeit:** 250km/h.
- **Beschleunigung:**
 - 400 m mit steh. Start: 14,5 s.
 - 1000 m mit steh. Start: 26,8 s.

KRAFTSTOFFVERBRAUCH

- Bei 90 km/h: 6,4 l/100 km.
- Bei 120 km/h: 8,1 l/100 km.
- Stadtverkehr: 12,8 l/100 km.
- Durchschnittsverbrauch: 9,1 l/100 km.

ASTON MARTIN VOLANTE

Der Aston Martin V8 wirkt heute wie einer jener glorreichen Anachronismen, wie sie nur England hervorzubringen versteht. Logischerweise dürfte ein solches Auto ebensowenig neben einem 205 GTI existieren, wie ein Schweizer Chronometer neben einer Quarzuhr.

Aber es gibt immer noch Interessenten für Schweizer Uhren und Aston Martin- Automobile. Dazu treibt sie weniger die Notwendigkeit, als die Freude am Besitz eines komplizierten und raffinierten Objekts, das mit unendlicher Sorgfalt und Geduld von einem kleinen Team hochspezialisierter, ihre Arbeit noch als Berufung betreibender Fachkräfte hergestellt wird.

Es gibt auch noch Fahrer, die Automobile mit ausgeprägtem Charakter und eigenwilligem Fahrverhalten bevorzugen, Automobile, die mit starker Hand dominiert werden wollen und sich auch dann noch nicht ganz unterwerfen. Fast sind sie es, die ihren Piloten dirigieren, und nicht umgekehrt. Sie besitzen einen Frontmotor, was bedeutet, daß der Fahrer das Auto schon zur Hälfte vor sich hat und dabei vom Gefühl beherrscht wird, zu folgen, anstatt zu dirigieren. Oft ist es ein eher beruhigender Eindruck, denn das Auto scheint die Strecke besser zu kennen als sein Fahrer.

Diese Modelle sind heute fast alle von der Bildfläche verschwunden. Der Ferrari Daytona und der Maserati Ghibli gehören zu den letzten Vertretern dieser Rasse. Es ist gut, daß der Aston Martin V8 übrig geblieben ist und sich langsam in einen zweiten Morgan verwandelt.

Trotz ihres Servo ist die Lenkung des Aston Martin nicht wirklich leichtgängig, dafür hält sie den Fahrer über die Arbeit der Federn und Reifen, d. h. über Federungskomfort und Bodenbeschaffenheit, getreu und unvermittelt auf dem laufenden. Dieser »Hart aber Sicher«-Charakter ist auch bei den anderen Bedienungselementen spürbar, sei es bei den Bremsen, bei der Kupplung oder beim mechanischen Getriebe.

Der Volante ist mit zwei Tonnen Gesamtgewicht ein schweres Auto, dessen Untersteuerungsverhalten ausgeprägt genug ist, um den Eindruck einer eigenständigen Persönlichkeit und wohlüberlegten statt passiven Gehorsam zu vermitteln. Der Aston ist also kein wirklich gefügi-

Bollwerk für Tradition oder schon eine Kopie? Der Aston Martin V8 wirkt heute wie der letzte Vertreter des goldenen Zeitalters der GT-Modelle mit Frontmotor.

ges Auto, sondern er reagiert etwa wie einer jener perfekten britischen Butler, die besser wissen, was ihren Herrn gut tut, als dieser selbst, und die in Wirklichkeit den Ton angeben.

Der 5,3-l-V8 repräsentiert zwar nicht den neuesten Stand technischen Fortschritts, dafür hält er aber in Fußnähe des Fahrers eine scheinbar unerschöpfliche Reserve schwerer Kavallerie angriffsbereit.

Zeit ist Geld, sogar bei Aston Martin, obwohl die Firma diese Gleichung auf ihre Weise gelöst hat. Zeit spielt keine Rolle mehr, und ihre Autos werden ohne Berücksichtigung wirtschaftlicher Erwägungen gebaut. Allein die Karosserie erhält

zweiundzwanzig Lackschichten, deren letzte nach den oft hunderte von Kilometern dauernden Fahrversuchen aufgetragen werden. Nach dieser Behandlung sieht die Karosserie wie ein makelloser, in einem Stück geformter Block Email aus.

Die Arbeiter des Werks in Newport Pagnell sind für ihre Kunstfertigkeit bekannt. Schon öfter wurden ihnen von der Luft- und Raumfahrtindustrie Sonderaufträge erteilt, die nur sie auszuführen imstande sind. Besonders das Einpassen der beweglichen Teile in die Karosserie verlangt höchste Präzision und setzt Wunder an Ge-

schicklichkeit voraus. Fugen und Verbindungsstellen gehen so genau ineinander über wie die Quader der Cheops-Pyramide. Sattler und Tischler verwandeln dann mit viel Qualitätsleder und lackiertem Nußbaum jedes Interieur in eine Ritz-Filiale auf Rädern. Gleichzeitig wird der Motor mit der Akribie eines Uhrmachers von einem einzigen Monteur zusammengebaut. Dann kommt der V8 Stunden auf den Prüfstand. Hat er seine Qualitäten bewiesen, signiert der Monteur sein Werk, indem er ein kleines kupfernes Schild mit eingraviertem Namen auf einem der Steuergehäusedeckel anbringt.

Der V8 Aston Martin: Ein Meisterwerk handwerklicher Fertigung, das ein Messingschild mit dem Namen des verantwortlichen Mechanikers trägt. Hier ein Motor Baujahr 1983 mit vier Weber-Doppelvergasern. Das Basismodell erhielt 1986 eine Kraftstoffeinspritzung, die Vergaser blieben der Version Vantage vorbehalten.

Zeit ist auch bei Aston Martin Geld, wie überall. Aber die Firma hat das Problem auf ihre Weise gelöst: Bei der Herstellung werden finanzielle Erwägungen außer Betracht gelassen. Die Modelle der Marke sind zeitlos, wie Kunstwerke.

Dann beginnen die Probefahrten, manchmal über mehrere hundert Kilometer. Wenn der Aston endlich geliefert wird, befindet er sich in jenem Zustand, den die noch steifen neuen Kleider Beau Brummels nach mehrtägigem tragen durch seinen Butler angenommen hatten, bevor sie der Dandy selbst anlegte, d. h. sie saßen perfekt.

Alle diese Entwicklungsphasen brauchen natürlich viel Zeit: Mindestens vier Monate vom Fabrikationsbeginn bis zum Liefertag. Das war vor fünfzig Jahren die nötige Zeitspanne zum Bau ei-

Es dauert vier Monate, Tee-Pause inbegriffen, bis ein Cabriolet Volante fertig ist.

nes Bentley oder eines Hispano. Wie damals bei jenen Firmen erreicht heute die Produktion bei Aston Martin in guten Jahren nur ein paar Dutzend.

Ebenso natürlich hat dieser Zeitaufwand seinen Preis: Heute, d. h. im Jahr 1989, gibt es im Katalog nur ein einziges Modell (ein V8-Coupé), das weniger als 100000 Pfund Sterling kostet. Es heißt, daß die gesamte Belegschaft 1957 bei der vorübergehenden Stillegung des Werks unverzüglich bei Rolls-Royce wieder eingestellt wurde, aber nahezu vollzählig zu Aston Martin zurückkehrte, als die Firma ihre Tätigkeit wieder aufnahm. Wenn ihnen Glauben geschenkt werden soll, gleicht die Arbeit bei R-R im Gegensatz zu dem bei Aston herrschenden handwerklichen Betriebsklima wie Arbeit am Fließband.

Auch auf andere Weise hat die Zeit den Aston Martin V8 nichts anhaben können: Seit zwanzig Jahren werden nur Detailmodifikationen vorgenommen. England kann sich wandeln, der Aston bleibt sich selber treu. Tatsächlich gehen seine Anfänge in das Jahr 1966 zurück. Damals wurde auf der Ausstellung in London der DBS vorgeführt, für den man den Reihen-Sechszylinder des Vorgängers DB6 wiederverwendet und in einen neuen Rahmen eingebaut hatte. Das Ganze war mit einer vom damaligen Werks-Stilisten William Towns entworfenen Karosserie eingekleidet.

Der V8-Motor des Volante entstand im folgenden Jahr, trieb aber zuerst die Renncoupés »Lola« an. Seine Rennkarriere wurde eine Enttäuschung, sodaß mehrere Jahre vergingen, bevor die Firma ihn in ein Kundenmodell einbaute. Das geschah 1970 mit dem DBS V8, dem früheren DBS, dessen Karosserie zu diesem Zweck einigen kleineren, gelungenen Retuschen unterzogen worden war. Aber der V8-Motor hatte seine Kinderkrankheiten immer noch nicht ganz abgelegt. 1972 mußte seine Bosch-Einspritzung gegen eine klassische Batterie Weber-Vergaser eingetauscht werden, eine merkwürdige Rückentwicklung, obwohl der V8 in dieser Form den Höhepunkt seines Potentials erreichte. Bald wird er so unzerstörbar sein wie die Stonehenge-Monolithen... obwohl er 1986 wieder ein Einspritzsystem erhielt.

Der V8 besteht aus Leichtmetall und hat nasse Laufbüchsen aus Stahl. Jede Zylinderreihe verfügt über zwei obenliegende, kettengetriebene Nockenwellen. Mit 100 mm Bohrung und 85 mm Hub beträgt sein Gesamthubraum 5341 ccm.

Bei Aston schien man der Meinung zu sein, es sei einfacher und eleganter, die genaue Leistung zu verschweigen, obwohl es ein offenes

MOTOR

- **Position:** Längs vorn.
- **Typ:** V8-90°.
- **Hubraum:** 5341 cm³.
- **BohrungxHub:** 100x85 mm.
- **Ventilsteuerung:** 4 obenliegende Nockenwellen mit Kettenantrieb.
- **Brennraum:** Halbkugel, Ventile V-60°.
- **Gemischaufbereitung:** 4 Weber-Doppel-Fallstrom-Vergaser.
- **Zündung:** Transistor, Lucas.
- **Kühlung:** Wasser, Kühler vorn, Visco-Lüfterkupplung.
- **Bauart:** Zylinderköpfe und Block aus Aluminiumlegierung, nasse abnehmbare Laufbuchsen. Pleuel und Kurbelwelle mit 5 Lagern aus Schmiedestahl.
- **Leistung:** Auf 306 PS geschätzt (225 kw) bei 5000/min.
- **Drehmoment:** Auf 44 mkg (432 Nm) geschätzt, bei 4000/min.

KRAFTÜBERTRAGUNG

- mechanisch:
- **Kupplung:** Einscheiben-Trockenkupplung.
- **Getriebe:** Vollsynchron. ZF-Fünfganggetriebe + RG.
- **Getriebeübersetzungen:** I. 2.900, II. 1.780, III. 1.220, IV. 1.000, IV. 0.845, RG. 2.630.
- **Achsübersetzung:** 3,54:1.
- automatisch:
- **Chrystler Torqueflite mit Drehmomentwandler.**
- **Getriebeübersetzungen:** I. 2.45, II. 1.45, III. 1.00, RG. 2.20, max. Übersetzung des Wandlers: 2.10:1.
- **Achsübersetzung:** 3.07:1.

KAROSSERIE UND FAHRWERK

- **Rahmenstruktur:** Plattformrahmen aus Stahl, Karosserie aus Alulegierung.
- **Karosserie:** 4sitziges Cabriolet.
- **Radaufhängung vorn:** Einzeln an doppelten Dreieckslenkern, Federbeine mit Schraubenfedern und Teleskopstoßdämpfer, Stabilisator.
- **Radaufhängung hinten:** De Dion-Achse geführt von 4 Längslenkern, Wattgestänge, Schraubenfedern und doppelt wirkende Teleskopstoßdämpfer.
- **Lenkung:** Zahnstange mit Servolenkung.
- **Bremsen:** 4 Innenbelüftetete Scheibenbremsen.
- **Felgen und Reifen:** Leichtmetallfelgen, Gürtelreifen GR 70 VR 15.

ABMESSUNGEN UND GEWICHTE

- **Radstand:** 2160 mm.
- **Spur vorn/hinten:** 1500/1500 mm.
- **Länge:** 4667 mm.
- **Breite:** 1829 mm.
- **Höhe:** 1327 mm.
- **Leergewicht:** 1780 kg.
- **Tankinhalt:** 96 Liter.

FAHRLEISTUNGEN

- **Höchstgeschwindigkeit:** 240 km/h.
- **Beschleunigung:** 0-100 km/h: 7 s.
- 400 m mit steh. Start: 15 s.
- 1000 m mit steh. Start: 27 s.
- **Kraftstoffverbrauch:** Zwischen 15 und 22 l/100 km.

Geheimnis war, daß der V8 mehr als 250 PS bei 5000/min abgab. Auf Wunsch des Kunden konnte er an ein mechanisches ZF-Fünfganggetriebe oder an einen Chrysler Torqueflite- Dreigangautomaten gekoppelt werden.

1977 präsentierte Aston Martin die Version Vantage, deren Leistung auf etwa 300 PS angestiegen war. 1978 kam das Cabriolet Volante heraus, das gleich einen bemerkenswerten Erfolg verbuchen konnte: Es war das erste Modell seit Bestehen der Marke, das der Firma Gewinn einbrachte.

Nach dem Ausscheiden David Browns im

Der Käufer hat die Wahl zwischen einer dreistufigen Getriebe-Automatik Chrysler Troqueflite oder einem 5-Gang-Schaltgetriebe.

Jahr 1972, seit einem Vierteljahrhundert Leiter der Firma, wurde der DBS V8 in Aston Martin V8 umgetauft. Es war der Beginn einer besonders schwierigen und unruhigen Epoche, während der die Firma so häufig ihren Besitzer wechselte wie ein Spukhaus.

Diese Probleme blieben lange ungeregelt, fanden aber schließlich eine Lösung. Heute gehört Aston Martin zum Ford-Konzern und untersteht der Leitung des fähigen Victor Gauntlett.

ASTON MARTIN ZAGATO

Man kann die Gründe Victor Gauntletts verstehen, die zur Entstehung des Vantage Zagato führten. Der Aston Martin V8 verwandelte sich langsam aber sicher in ein GT-Modell alten Stils, In eine Art Luxus Morgan. Früher waren die Aston Martin Spitzenreiter auf dem britischen GT-Markt und ihren Rivalen in punkto Karosserien und Fahrleistungen um eine Generation voraus. Damals wagte es nur Aston Martin, die Karosserien seiner Modelle in Italien entwerfen zu lassen.

Trotz des Bulldog oder des Lagonda verwandelte sich der vielversprechende Debütant der Fünfziger, der sich über die Konventionen des Establishments hinweggesetzt hatte, im Laufe der Achtziger in einen absoluten Anachronismus. Es wurde Zeit, Abhilfe zu schaffen. Es war ebenfalls an der Zeit, die italienischen Verbindungen wieder aufzunehmen.

Den Karosseriebauer Touring, der den DB4 entworfen hatte, gab es schon lange nicht mehr, Zagato selbst war allerdings immer noch tätig. Niemand hatte seine 1960 für das Chassis des DB4 GT entworfene, denkwürdige Sportberlinetta vergessen. Sein Stil war in der Zwischenzeit ausgereift, ohne dabei den typischen Außenseiter-Charakter zu verlieren von Bertone ebenso weit entfernt wie von Pininfarina. Zagato ließ sich lieber auf Abenteuer ein und nahm dabei das Risiko eines Irrtums in Kauf, als ausgetretene Wege zu gehen.

1986 wurde der Vantage Zagato auf der Ausstellung in Genf vorgeführt. Wie erwartet, entfachte seine Karosserie bei den kompromißlosen Anhängern der Marke leidenschaftliche Diskussionen. Die Kritiker fanden ihn dürftig und anspruchslos. Für seine Bewunderer war es eine meisterliche Erscheinung voll gebändigter Kraft. Eins ist jedenfalls sicher: Die Karosserie Zagatos paßt hervorragend zum brutalen und gleichzeitig raffinierten Charakter der Mechanik, die sie umhüllt. Zwei flache, diskrete Profilhökker auf dem Dach sind das unverkennbare Merkmal des italienischen Karosseriers.

Das Coupé Vantage besitzt die Anatomie eines Kämpfers. Seine gedrungene Erscheinung mit quadratischen Brustmuskeln war wahrscheinlich ganz nach dem Geschmack Victor

Der Vantage Zagato war in einer Kleinserie von 50 Exemplaren entstanden. Das hier gezeigte Modell mit der Nummer 46 gehört Victor Gauntlett, Präsident der Firma. Trotz seiner 300 km/h ist er auch auf kurvenreichen Landstraßen in seinem Element. Man beachte den diskreten Spoiler.

Die kompakte, leicht bedrohlich wirkende Karosserie des Zagato paßt zum brutalen und gleichzeitig exklusiven Charakter des Modells. Rasantes Beschleunigen (von 0 auf 100 km/h in 5 s), umgeben vom Duft des Conolly-Leders, gehört zu den Freuden im Aston Martin Zagato.

Gauntletts, eines großen Freundes der Bentley der 20er Jahre (der »echten« von W.O.). Der Vantage Zagato ist das moderne Äquivalent des berühmten, von Woolf Bernato entworfene Coupés Spee Six. Der Plattformrahmen wies noch immer den Original-Radstand von 2,61 m auf, allerdings mit einem um 25 cm gekürzten Hecküberhang. Die größte Länge betrug nur noch 4,39 m (gegen 4,67 m) mit 1650 kg Leergewicht war das Coupé Zagato 170 kg leichter geworden. Auch die Bauweise war die gleiche geblieben: Vorne sorgten doppelte klassische, Dreieckslenker und Schraubenfedern für die Radaufhängung, hinten erfüllten eine klassische, um nicht zu sagen historische, von einem Wattgestänge geführte De Dion-Achse mit Schraubenfedern die gleiche Funktion.

Ansonsten gab es das bekannte mechanische ZF-Fünfganggetriebe, denn der Chrysler-Automat wäre in einem solchen Konzept fehl am Platze gewesen. Auch die Zahnstangenlenkung mit Servo war unverändert übernommen worden. Die Verdichtung hatte sich von 10:2 auf 10:5 erhöht. Die vier Weber-Doppelvergaser, ein Privileg des Vantage-Motors, war ebenfalls noch vorhanden, äußerlich sichtbar durch einen großdimensionierten Profilhöcker auf der Haube, dessen Form der etwas ungehobelten muskulösen Morphologie des Zagato-Coupés durchaus entsprach. Dieser Nasenhöcker, der dem Auto den Anstrich eines wütenden Pavians gab, war von zwei NACA-Lufteinlässen flankiert, wie sie bei den Überschallflugzeugen zu sehen sind.

Ausnahmsweise gab das Werk diesmal die

Der Zagato-V8 besitzt 4 Weber-Vergaser, ein Privileg des Vantage-Motors, dessen Verdichtung auf 10,5 erhöht wurde. Die sonst sehr diskrete Firma gab ausnahmsweise die präzise Leistung an: 432 PS bei 6200/min.

Die elegant-sportliche und schlichte Ausstattung harmoniert mit dem Karosseriestil. Das Nardi-Lenkrad wurde vom Eigentümer, Victor Gauntlett, selbst angebracht.

Leistung seiner Neuschöpfung an: Präzise 432 PS bei 6200/min. Das maximale Drehmoment von 54,6 mkg bei 5100/min wurde im Werksjargon als »völlig ausreichend« bezeichnet. Newport Pagnell ging immer klarer zum Angriff über.

Das Schönste ist noch nicht gesagt: Das Werk kündigte eine Spitze von 300 km/h an die Mach-2-Grenze der Hochleistungs-Automobile. Damit wird der Pilot des Vantage Zagato zum Überschall-Jägerdes Straßenverkehrs. Diese Geschwindigkeit ist effektiv noch nicht erreicht worden, aber der Zagato war schon so dicht daran, daß sie wohl bald Realität wird.

Wie die anderen Aston Martin ist auch der Zagato kein Auto, das mit dem Fahrer eine dynami-

Der Radstand des Zagato war unverändert vom Coupé V8 übernommen worden. Der Vantage verdankt seine kompakte Erscheinung dem Kurzheck und der stufenlosen Linienführung der Karosserie ohne Vorsprünge und Kanten.

MOTOR

- **Position:** Vorn längs.
- **Typ:** V8-90°.
- **Kühlung:** Wasser, Kühler im Bug, zwei elektrische Lüfter.
- **Hubraum:** 5341 cm³.
- **BohrungxHub:** 100x85 mm.
- **Verdichtung:** 10,5:1.
- **Bauart:** Zylinderköpfe und Block aus Aluminiumguß, nasse abnehmbare Laufbuchsen; Pleuel und Kurbelwelle mit 5 Lagern aus Schmiedestahl.
- **Ventilsteuerung:** 4 obenliegende Nockenwellen mit Kettenantrieb, 2 Ventile pro Zylinder im V-64.
- **Gemischaufbereitung:** 4 Weber-Doppel-Fallstromvergaser 48 IDF3/150.
- **Zündung:** Transistoren.
- **Schmierung:** Ölsumpf mit 2 Kühlern.
- **Max. Leistung:** 432 PS (318 kW) bei 6200/min.
- **Max. Drehmoment:** 54,6 mkg (536 Nm) bei 5100/min.

KRAFTÜBERTRAGUNG

- **Antrieb:** Auf die Hinterräder.
- **Kupplung:** Einscheiben-Trockenkupplung.
- **Getriebe:** Vollsynchr. Fünfganggetriebe mit RG.
- **Achsübersetzung:** 3,06:1.
- **Getriebeübersetzungen:-** I. 2.900,-II. 1.780,- III. 1.220,- IV. 1.000; V. 0.845,- RG. 2.630.

KAROSSERIE UND FAHRWERK

- **Rahmenstruktur:** Plattformrahmen aus Stahl, Karosserie aus Aluminium.
- **Fahrzeugtyp:** Coupé, zwei Sitzplätze.
- **Luftwiderstandsindex Cw:** 0,32.
- **Radaufhängung vorn:** Einzeln, an ungleich langen doppelten Dreieckslenkern, Federbeine mit Schraubenfeder und Teleskopstoßdämpfer, Stabilisator.
- **Radaufhängung hinten:** De Dion-Achse geführt von 4 Längslenkern und Wattgestänge, Schraubenfedern.
- **Lenkung:** Zahnstangenlenkung mit Servo.
- **Bremsen:** 4 innenbelüftete Scheibenbremsen.
- **Felgen:** Leichtmetall.

ABMESSUNGEN UND GEWICHTE

- **Radstand:** 2610 mm.
- **Spur vorn/hinten:** 1520/1540 mm.
- **Länge:** 4390 mm.
- **Breite:** 1860 mm.
- **Höhe:** 1295 mm.
- **Tankinhalt:** 104 l.
- **Zul. Gesamtgewicht:** 1650 kg.

FAHRLEISTUNGEN

- **Höchstgeschwindigkeit:** 300 km/h.
- **Beschleunigung von 0 auf 100 km/h:** 5 s.
- **Durchschn. Kraftstoffverbrauch:** Zwischen 18 und 28 l/100 km.

sche Einheit bildet, sondern eine eigenwillige Schöpfung, die den Piloten mitreißt, ob er will oder nicht. Außerdem ist seine kompakte Karosserie selbst für routinierte Aston-V8-Fahrer ungewohnt.

Auch der Innenraum ist bei Zagato anders. Die Ausstattung ist nicht ganz so gediegen wie bei seinen Vorgängern, was den neuen Aston um einige Kilo leichter macht. Die Insassen sind immer noch von Connolly-Leder umgeben, allerdings werden sie durch nicht ganz so tiefe Polster und den eher extrovertierten Motor in die Arbeitsweise der Mechanik eingestimmt.

Vom Vantage wurde nur eine kleine, mit dem Prototyp und den Exemplaren der Vorserie insgesamt 50 Stück zählende Serie gebaut. Victor Gauntlett suchte sich das hier abgebildete Exemplar Nr.46 aus, tauschte aber das Serien-Lenkrad gegen ein Nardi-Lenkrad ein, für das er eine Schwäche hat. Seine Bentley, sein Aston Martin DBR1 und sein Jaguar D haben ihm Geschmack an großen, holzumrandeten Lenkrädern gegeben. Serienmäßig besitzt der Zagato Cabriolet ein kleineres, lederverkleidetes Lenkrad, wie es auf der Abbildung unten zu sehen ist.

Allen Freunden der Marke, die das Zagato-Coupé verpaßt hatten, bot Victor Gauntlett ein Jahr später großzügig eine zweite Chance in Form eines Volante getauften Cabriolets, das 1987 in Genf vorgestellt wurde. Zagato hatte den Coupé-Entwurf bis zur Gürtellinie quasi unverändert übernommen und den Dachaufbau weggelassen. Diese oft riskante Methode zahlte sich beim Zagato aus. Das Köpfen hatte eine ganz neue Persönlichkeit ans Licht gebracht. Aus dem etwas brutal wirkenden Sportzweisitzer war ein sympathisches Auto für Alltag und Reise geworden, das etwas fülliger und weniger aggressiv aussah.

Auch der 300 PS-V8, in der Basisversion mit Einspritzung, war dem neuen Modell angepaßt worden. Das Cabriolet sollte dem Coupé ja nicht ins Gehege kommen. Außerdem braucht ein Cabriolet nicht im 300 km/h-Tempo zu fahren, um seine Persönlichkeit zu beweisen. Ohne die Vergaser hatte das Cabrio Zagato auch seinen voluminösen Nasenhöcker verloren.

Die offene Version reagierte gefügiger als das Coupé, obwohl die Fahrleistungen immer noch sehr ansehnlich waren: 260 km/h wurde als Spitzengeschwindigkeit angegeben. Das Verdeck wurde über eine hydraulische Hebevorrichtung betätigt, die Ausstattung war gefälliger, und der Duft des Leders konnte sich in der Sonne frei entfalten.

Das Werk kündigte eine 25 Exemplare zählende Kleinserie an, die aber auf 30 Exemplare erhöht wurde. Dieser moderne offene Aston Martin könnte für das Werk in Newton Pagnell der Auftakt zu einer modernen Produktion werden.

Das Cabriolet Zagato wurde mit der Einspritzversion des werkseigenen V8 ausgestattet, die 300 PS entwikkelte. Bei 260 km/h Spitzengeschwindigkeit wird der Fahrtwind zum Problem.

AUDI QUATTRO SPORT

Man sieht dem Audi Quattro Sport seine Qualitäten gewiß nicht an. Die bereits recht einfache Karosserie des Basis-Quattro war schlicht von der Mitte aus gekürzt worden, wobei man die Überhänge vorne und hinten unverändert gelassen hatte. Eine fragwürdige Methode, mit der erreicht wurde, daß der Quattro Sport wie ein Coupé Renault 17 aussieht, den ein angehender Lehrling in der nächsten Werkstatt zurechtgebastelt hat. Dabei ist der Quattro Sport ein seriöses Auto von höchster Effizienz. Das beweist schon sein relativ hoher Preis. Das beweisen auch seine technischen Daten: Ein Abgas-Turbolader, Allradantrieb, fünf Zylinder, 20 Ventile, 250 km/h, 300 PS und eine Mechanik, die Respekt einflößt.

Der Audi sorgt noch für eine andere Überraschung: Im Inneren dieser wie mit einer Metallsäge gerade zurechtgeschnittenen Karosserie entdeckt der Fahrer ein komfortables, gutbürgerliches Cockpit mit Leder- und Samtpolstern, beheizbaren Sitzen und elektrischen Fensterhebern: Ein Boudoir im Sturmpanzer.

Seine Entstehungsgeschichte ist klassisch. Mehrere in diesem Buch vorgestellten Modelle verdanken ihre Existenz dem gleichen Prinzip: Der Quattro Sport ist ein »Spezial-Homologationsmodell«, d. h. das er in einer zur Homologation in der Gruppe B (Grand Tourisme) vorgeschriebenen Serie von 200 Stück entstand ein Prinzip, das zu Autos wie dem Porsche 959 oder dem Ferrari 288 GTO führen kann. Alle Modelle dieser Kategorie werden meist noch vor ihrer offiziellen Einführung verkauft. Dieses Prinzip kann aber auch zu einem Audi Quattro Sport führen, einem Auto, das dem Betrachter zumindest befremdlich vorkommt.

Dabei ist der Stammbaum des Quattro Sport absolut makellos. Niemand hat den 1980 auf dem Salon in Genf eingeführten Original-Quattro vergessen, der zu den gelungenen »Spezial-Homologationsmodellen« gehörte: Statt der geplanten 400 Stück wurden in vier Jahren 5000 Quattro verkauft. Über seiner avantgardistischen Mechanik vergaß man die geistlose Karosserie. Die Verbindung vier angetriebener Räder mit einem Abgas-Turbolader verursachte einen jener Knalleffekte, die Epoche machen.

Über die Karosserie kann man geteilter Meinung sein, aber die Mechanik flößt Respekt ein: Der 2,1-l-Fünfzylinder leistet nach Werksangaben 306 PS bei 6700/min. Damit ist der Quattro Sport 250 km/h schnell und beschleunigt in 5 s von 0 auf 100 km/h.

Der Fahrer eines Audi Quattro Sport genießt ein doppeltes Privileg: Er braucht die Karosserie seines Autos nicht zu sehen und kann dessen echte Qualitäten würdigen.

1982 wurde der Quattro Rallye-Weltmeister. Schon im folgenden Jahr machten ihm Rivalen, die die Lektion verstanden hatten und seinen Spuren gefolgt waren, die Vorherrschaft streitig. 1983 wurde Audi von Lancia aus dem Feld geschlagen, holte sich 1984 aber wieder den Weltmeistertitel. Währenddessen waren die anderen Konstrukteure jedoch nicht untätig geblieben. Peugeot schickte seinen 205 Turbo 16 an die Front. Audi mußte den Angriff parieren, und diese Parade nahm die Form des Quattro Sport an.

Er war ohne jeden Zweifel ein Quattro, aber wie erwähnt mit einem um 30 cm verkürzten

Radstand. Die vom GT-Coupé abgeleitete Originalkarosserie war (leider) noch erkennbar, aber diesmal bestanden die Karosserieteile aus Kevlar und die Rahmenstruktur aus Stahl. Der Motor war immer noch das vom Typ 200 5T abstammende 2,1-l-Aggregat mit Turbolader, dessen Block aber aus einem um 23 kg leichteren Leichtmetall-Gußteil bestand. Neu war auch der Zylinderkopf mit zwei obenliegenden Nockenwellen und 20 Ventilen.

Die Ventile waren wie beim Golf und Scirocco 16V im 25°-Winkel angeordnet. Der Einwellen-Antrieb war beibehalten worden: Der Zahnriemen trieb nur eine, mit der zweiten über Zahnräder verbundenen Nockenwelle an. Der Abgas-Turbolader KKK besaß einen voluminösen Wärmeaustauscher, der den Platz des neuerdings seitlich untergebrachten Wasserkühlers vor dem Motor eingenommen hatte. Es war eines jener Details, das Rückschlüsse auf die spezielle Bestimmung des Coupés Quattro Sport zuließ. Audi kündigte eine Leistung von 306 PS bei 6700/min an; die Literleistung von 143 PS/l war demnach mit der eines Ferrari 288 GTO oder eines Porsche 959 vergleichbar. Der Quattro

Dieses für ein Rennsportmodell luxuriös ausgestattete Interieur gehört zu den Überraschungen des Quattro Sport. Rechte Seite: Der Quattro Sport in seinem Element.

Die vier verschlungenen Kreise – das Markenzeichen von Audi – wurden zum Symbol für den Vierrad-Antrieb des Quattro. Rechts oben im Bild sieht man den längs eingebauten 5-Zylinder-Reihenmotor und den Turbo-Kompressor mit dem Abblasventil.

Sport wurde noch als »2+2«-Version präsentiert, aber die Sitzbank im Fond war wie immer unbrauchbar für Menschen mit normalem Körperbau. Auch die Kraftübertragung war ein Erbteil des Quattro (der sie seinerseits vom Gelände-VW Iltis übernommen hatte), mit einer Vorder- und Hinterachse verbindenden Kardanwelle und einem kleinen, pampelmusengroßen Zwischendifferential. Alle vier Räder stützten sich durch McPherson-Federbeine ab.

Es sei nebenbei erwähnt, daß es sich bei besagtem McPherson nicht um den einbeinigen Erfinder einer elaborierten Beinprothese handelt,

MOTOR
- **Bauweise:** Vorne längs.
- **Typ:** V8-90°.
- **Kühlung:** Wasser, Frontkühler und 2 elektrische Lüfter.
- **Hubraum:** 5341 cm³.
- **Bohrung x Hub:** 100x85 mm.
- **Verdichtung:** 10,5:1.
- **Bauart:** Zylinderköpfe und Block aus Leichtmetall gegossen, nasse abnehmbare Laufbuchsen. Pleuel und Kurbelwelle mit 5 Lagern aus Schmiedestahl.
- **Ventilsteuerung:** 4 obenliegende Nockenwellen, Kettenantrieb, 2 Ventile pro Zylinder, V-64.
- **Gemischaufbereitung:** 4 Weber-Doppel-Fallstromvergaser 48 IDF3/150.
- **Zündung:** Transistoren.
- **Schmierung:** Ölsumpf mit 2 Kühlern.
- **Max. Leistung:** 432 PS (316 kW) bei 6200/min.
- **Max. Drehmoment:** 54,6 mkg (536 Nm) bei 5100/min.

KRAFTÜBERTRAGUNG
- **Antrieb:** Auf die Hinterräder.
- **Kupplung:** Einscheiben-Trocken.
- **Getriebe:** Vollsynchr. Fünfganggetriebe + RG.
- **Achsübersetzung:** 3,06:1.
- **Getriebeübersetzungen:** I. 2.900, II. 1.780, III. 1.220, IV. 1.000, V. 0,845, RG. 2.630.

KAROSSERIE UND FAHRWERK
- **Rahmenstruktur:** Plattformrahmen aus Stahl und Karosserie aus Aluminiumlegierung.
- **Fahrzeugtyp:** Coupé, 2 Sitzplätze.
- **Luftwiderstandsindex Cw:** 0,32.
- **Radaufhängung vorn:** Einzeln, an ungleich langen doppelten Dreieckslenkern, Federbeine mit Schraubenfeder/Teleskopstoßdämpfer, Stabilisator.
- **Radaufhängung hinten:** De Dion-Achse geführt von 4 Längslenkern und Wattgestänge, Schraubenfedern.
- **Lenkung:** Zahnstange mit Servolenkung.
- **Bremsen:** 4 innenbelüftete Scheibenbremsen.
- **Felgen:** Leichtmetall.

ABMESSUNGEN UND GEWICHTE
- **Radstand:** 2610 mm.
- **Spur vorn/hinten:** 1520/1540 mm.
- **Länge:** 4390 mm.
- **Breite:** 1860 mm.
- **Höhe:** 1295 mm.
- **Zul. Gesamtgewicht:** 1650 kg.
- **Tankinhalt:** 104 l.

FAHRLEISTUNGEN
- **Höchstgeschwindigkeit:** 300 km/h.
- **Beschleunigung 0 auf 100 km/h:** 5 s.
- **Durchschnittl. Kraftstoffverbrauch:** Zwischen 18 und 28 l/100 km.

sondern um einen Vizepräsidenten von Ford, der Anfang der 50er Jahre eigenmächtig einem 25 Jahre zuvor von der französischen Firma Cottin-Desgouttes entwickelten Federungssystem seinen Namen gegeben hat.

Damit wäre schon alles Wesentliche über den Quattro Sport gesagt, der bestimmt mehr wert ist, als seine Karosserie im Rohform-Stil vermuten läßt. Dabei kommt einem der attraktive Quartz in den Sinn, den Pininfarina auf der Basis des Quattro-Prototyps entwarf. Vielleicht könnte man Audi diskret daran erinnern, daß der Entwurf nichts von seiner Gültigkeit verloren

hat! Wenn Sie den Quattro Sport jedoch unwiderstehlich finden, zögern Sie nicht länger: Es ist gut möglich, daß noch einige Exemplare in einer Ecke des Werks in Ingolstadt übrig geblieben sind, wenn dieses Buch erscheint. Der Fahrer eines Quattro genießt ein doppeltes Privileg: Er sieht die Karosserie seines Autos nicht und kommt in den Genuß seiner echten Qualitäten.

Traditionsgemäß hat die Sitzbank im Fond bei den 2+2-Versionen eine mehr symbolische Bedeutung.

BMW M635 CSi

M635 CSI: Wer mit dem bei BMW gebräuchlichen Bezeichnungssystem vertraut ist, weiß sofort, daß es sich hier um ein Sportcoupé (CS) der Serie 6 handelt (zweitürige, von den viertürigen Sportberlinettas der Serie 5 abgeleitete Coupés), daß es einen 3,5-l-Motor (635) mit Benzin-Einspritzung (i) besitzt, plus der Kennung M, die wahrscheinlich ein paar zusätzliche Erläuterungen verdient.

Die BMW Motorsport GmbH war 1972 entstanden. Theoretisch handelte es sich dabei um eine vom Hauptsitz getrennte Filiale, die aber im BMW-Werk in München untergebracht war, wo sie mit der Zeit die Funktion einer Rennabteilung ausübte. Ihre erste Aufgabe bestand darin, Ford den Titel eines Europameisters für Tourenwagen streitig zu machen. Dazu sollte vor allem das Coupé 3.0CS mit dem famosen Sechszylinder und einzelner obenliegender Nockenwelle verhelfen, der im Ruf stand, der weltbeste Motor zu sein. Sein Originalhubraum von 3,15 l wurde auf 3,3 und schließlich auf 3,5 l vergrößert, bevor er mit Hilfe eines von Paul Rosche und seinem Team entwickelten neuen Zylinderkopfes mit zwei obenliegenden Nockenwellen und 24 Ventilen 370 PS bei 8000/min leistete. Damit holte sich der Münchner Konstrukteur 1973, 1975, 1976 und 1977 den Europameistertitel (1974 trat BMW nicht an). Dann versuchte sich BMW in der Formel 1. Die Coupés CSL übertrafen in der Gruppe A noch im Jahr 1983 die großen Jaguar XJS mit 5,3-l-V12-Motor.

Gleichzeitig neben ihrer Renntätigkeit entwickelte die Motorsport GmbH Hochleistungsversionen der Serienmodelle, die in kleinen Stückzahlen für begeisterte Automobilisten gebaut werden sollten. Meist waren sie an den blau-violett-roten Dekorstreifen der Motorsport-Filiale zu erkennen, oder sie trugen auf die oder andere Art die Kennung M für Motorsport zur Schau. Niemand hat den 2002 Turbo von 1973, den 3.0 CSL von 1975 oder den M735i von 1981 vergessen. Das berühmteste dieser von Motorsport mitentwickelten Modelle (aber in München vergißt man das lieber) war die unter Mitarbeit Lamborghinis gebaute Mittelmotor-Sportberlinetta M1, die von einer zivilen Version des 3,5-l- Sechszy-

Diese aggressive, am oberen Rand nach vorne gezogene Front ist seit 25 Jahren ein von der Mode unberührtes, unverkennbares Markenzeichen von BMW. Mit den Linien des M 635 CSI, vom M 850i abgelöst, harmoniert sie besonders gut.

linders mit 24 Ventilen angetrieben wurde.

Das Produktions-Coupé CS hatte von der Weiterentwicklung des CSL-Renncoupés mehr oder weniger direkt profitiert. 1978 erhielt es ebenfalls den 3,5-l-Motor Typ 635CSi. 1982 wurde das Modell von Grund auf überarbeitet, ohne den Namen zu wechseln. Mit einer von 93,4 auf 92 mm verkleinerten Bohrung verringerte sich der Hubraum von 3453 auf 3430 cm^3. Der BMW-Sechszylinder lief in dieser Variante noch seidenweicher als zuvor.

Schließlich, sieben Jahre nach dem M1, erhielt der M635 CSi den berühmten Zylinderkopf mit 24 Ventilen und einer bei dieser Gelegenheit wieder auf 93,4 mm erhöhten Bohrung. Trotzdem unterschied sich der Motor des Coupés wesentlich von dem der Rennberlinetta M1. Da war vor allem der wie seit 25 Jahren bei allen BMW in einem Winkel von 30° geneigt eingebaute Motor, während der M1-Rennmotor gerade eingebaut war und zwecks niedriger Bauhöhe Trockensumpf-Schmierung besaß.

Zu den weiteren Merkmalen, die den M635 Coupé M635 CSi vom M1 unterschieden, gehörten längere Pleuel, die mit kürzeren Kolben einen geringerem Trägheitskoeffizienten verzeichneten; eine von 9 auf 10,5:1 erhöhte Verdichtung, die vor allem die Bosch-Motronic mit

elektronischer Kraftstoffeinspritzung und elektronisch gesteuerter Zündanlage möglich gemacht hatte; höhere Leistung von 286 PS bei 6500/min (statt 277 PS bei 6500/min) mit einem ebenfalls verbesserten maximalen Drehmoment von 340 Nm bei 4500/min (statt 330 Nm bei 5000/min). Das Coupé M635 CSi war zwangsläufig schwerer als der M1 (1500 gegen 1300 kg), obwohl es fast gleiche Fahrleistungen registrierte: 250 km/h Spitzengeschwindigkeit (statt 260 km/h), 26 s für den Standstart (statt 25 s).

Es ist kaum zu glauben, daß zwei Autos mit derart gegensätzlichem Charakter nahezu gleich viel leisten. Sieben Jahre hatte es nur gedauert, bis die kompromißlos konzipierte Wettbewerbsberlinetta M1, jeder Zoll eine Kampfmaschine, von einem stattlichen Coupé mit wohlgerundeten Formen eingeholt worden war. Eine Verwechslung beider Modelle ist ausgeschlossen, dagegen fällt es nicht ganz so leicht, den zivileren Vorgänger M635 C vom M635 CSi zu unterscheiden. Daß die Aufhängungselemente des neueren CSi um einen Zentimeter schräger verankert sind und daß er über einen stärker profilierten aerodynamischen Frontspoiler verfügt, sieht man nicht auf den ersten Blick. Das sichtbarste Merkmal sind die neuen dreiteiligen Leichtmetallfelgen und die Niederquerschnittrei-

Seit langem ist das BMW-Instrumentenbrett den anderen Konstrukteuren ein Vorbild für übersichtliches und klares Styling. Man beachte das Logo »Motorsport« (M) auf dem Tourenzähler: Die Rotzone beginnt ab 6500/min.

Unter allen Modellen seiner Kategorie erreicht der M635CSi seine 250 km/h Spitze am leichtesten und mit den niedrigsten Phon-Werten.

MOTOR
- **Typ:** Sechszylinder in Reihe, 30° nach rechts geneigt eingebaut.
- **Bauart:** Block aus Gußeisen, Zylinderkopf aus Leichtmetall.
- **Hubraum:** 3453 cm³.
- **BohrungxHub:** 84x93,4 mm.
- **Verdichtung:** 10,5:1.
- **Kurbelwelle:** Schmiedestahl, mit 7 Lagern.
- **Ventiltrieb:** 2 obenliegende Nockenwellen, Kettenantrieb, 4 Ventile in V-Anordnung pro Zylinder.
- **Gemischaufbereitung:** Elektronische Benzin-Einspritzung (Bosch- Motronic) mit digitaler Motorelektronik.
- **Zündung:** Elektronisch.
- **Kühlung:** Wasser; Kupplungslüfter mit Riemenantrieb.
- **Max. Leistung:** 286 PS (210 kW) bei 6500/min.
- **Max. Drehmoment:** 34,7 mkg (340 Nm) bei 4500/min.

KRAFTÜBERTRAGUNG
- **Antrieb:** Auf die Hinterräder.
- **Getriebe:** Mechanisch, vollsynchr. Fünfganggetriebe + RG.
- **Kupplung:** Einscheiben-Trockenkupplung.
- **Achsübersetzung:** 3,73:1.
- **Getriebeübersetzungen:** - I. 3.51, II. 2.08, III. 1.35, IV. 1.00, V. 0.81, RG. 3.71

KAROSSERIE UND FAHRWERK
- **Rahmenstruktur:** Selbsttragende Ganzstahlkarosserie.
- **Fahrzeugtyp:** Coupé, 4 Sitzplätze.
- **Radaufhängung vorn:** Einzeln an Doppelgelenkachse mit McPherson-Feder-beinen, Schraubenfedern, hydraulische Teleskopstoßdämpfer, Stabilisator.
- **Radaufhängung hinten:** Einzeln an Schräglenkern, Schraubenfedern hydraulische Teleskopstoßdämpfer, Stabilisator.
- **Lenkung:** Kugelumlauf, mit Servo.
- **Bremsen:** Innenbelüftete Scheibenbremsen, diagonale Zweikreis- Bremsanlage mit hydraulischem Bremskraftverstärker und Anti-Blockiersystem ABS.
- **Felgen:** Einteilig aus Leichtmetall. 165 TR 390.
- **Reifen:** 220/55 VR 390

ABMESSUNGEN UND GEWICHTE
- **Radstand:** 2626 mm.
- **Spur vorn/hinten:** 1430/1464 mm.
- **Gesamtlänge:** 4755 mm.
- **Breite:** 1725 mm.
- **Höhe:** 1354 mm.
- **Leergewicht:** 1500 kg.
- **Tankinhalt:** 70 l

FAHRLEISTUNGEN
- **Höchstgeschwindigkeit:** 250 km/h.
- **Beschleunigung:**
- 0 auf 100 km/h: 6,5 s.
- 0 auf 160 km/h: 14,4 s.
- 0 auf 200 km/h: 24,7 s.
- 400 m mit stehendem Start: 14,5 s
- 1000 m mit stehendem Start: 26,1 s.

KRAFTSTOFFVERBRAUCH
- 8,2 l/100 km bei 90 km/h.
- 10,2 l/100 km bei 120 km/h.
- 16,5 l/100 km im Stadtverkehr.

fen Michelin 220/55 VR390. Auf Wunsch standen noch breitere BBS-Felgen zur Verfügung. Ebenfalls auf Wunsch konnte der sportliche M635 CSi mit den gleichen luxuriösen Ausstattungsdetails versehen werden wie das Basismodell, inklusive den zahlreiche Funktionen steuernden Bordcomputer, den alle großen BMW erhielten, sowie das BMW-Bosch-Antiblockiersystem.

Auf der Straße fährt der M635 CSI mit der gleichen gefügigen Gelassenheit wie die anderen Coupés der Marke. Der wohlbekannte seidenweiche Lauf des Münchner Sechszylinders bleibt trotz des Leistungsanstiegs unübertroffen. Nur beim Hochschalten erinnert ein heller Knisterton diskret an die 24 Ventile unter der Haube.

Wahrscheinlich wird es BMW nicht gelingen, die Erinnerung an den M1 eines Tages ganz auszulöschen. Das einzige Modell, das dazu imstande wäre, ist zweifellos der über 10 Jahre in Produktion befindliche M635 CSi.

Der Sechszylinder mit 24 Ventilen des M635CSI ist die Endphase einer langen Entwicklung. Der bei der Mittelmotor-Sportberlinetta M1 angeführte 3,5-I-Motorblock trieb auch das Coupé 635CSi an, aber der Zylinderkopf mit 24 Ventilen blieb den schnelleren Versionen M635CSi vorbehalten, die aus der Motorsport-Abteilung von BMW stammten. Man beachte das Knäuel der sorgsam abgestimmten Auslaßrohre.

BMW 750 iL

Mit dem 750iL hat BMW eine Grenze über-
schritten, jene symbolische Trennlinie, die ein
vor allem der Fortbewegung dienendes Automobil sei es noch so luxuriös oder technisch hoch-
entwickelt von einem Automobil trennt, das die
Rolle eines Wertobjektes oder eines Statussymbols spielt. Ist ein V12 wirklich nötig, wenn man
bereits über einen der weltbesten Sechszylinder
verfügt? Keineswegs sicher; aber wenn ein be-
stimmtes Prestigeniveau erreicht ist, sind nur
noch Superlative erstrebenswert... vor allem,
wenn es gilt, Mercedes ins Gehege zu kommen,
der sich mit einem V8 begnügt, oder Jaguar,
dessen V12 schon die ersten Alterserscheinun-
gen zeigt. Dem Konzept nach gleicht der BMW-
V12 mehr Jaguar als Ferrari oder Lamborghini.
Wie bei Jaguar hat er etwas von einer gezähm-
ten großen Katze, die mehr die Muskeln spielen
läßt, als die Zähne zeigt. Seine relativ niedrige
Verdichtung von 8,8:1 hilft ihm, seine 300 PS
Leistung bei 5200/min mit dem Feingefühl und
zugleich mit der Wucht eines Maschinenham-
mers einzusetzen, der sogar eine Champagner-
flasche verkorken könnte, ohne sie zu zerbre-
chen. Seine Abmessungen von 84x75 mm
(4988 cm³) lassen auf zwei verkoppelte Sechszylinder vom Typ 325i schließen. Wie bei BMW
üblich, hatte auch diesmal keine Revolution stattgefunden, sondern der 750iL war die zwi-
schenphase eines logischen Entwicklungspro-
zesses. Jede Zylinderreihe besitzt ihre unabhängig von einer Kette angetriebene Nockenwelle
und jeder Zylinder zwei Ventile in V-Form. Zylin-
derblock und Zylinderköpfe sind aus Leichtmetall das gesamte Bauteil wiegt nur 240 kg. Im
übrigen sind auch hier die charakteristischen
Merkmale der BMW vorhanden, wie die Einzel-
radaufhängung an Federbeinen vorne und
schrägen Dreiecks-Querlenkern hinten. Wie es
sich gehört, weist der 750iL alle bei den Modellen der letzten Generation eingeführten technischen Neuerungen auf, wie die Bosch-Motronic
mit elektronischer Kraftstoffeinspritzung und einem für jede Zylinderreihe unabhängig gesteuerten elektronischen Zündsystem, das ABS-System, das durch BMW in den Sprachgebrauch
eingeführt wurde und so bekannt ist, daß es keiner Erklärung bedarf, sowie die »Servotronic«,

Der bekannte, »Vierzylinder« ge-
nannte Münchner Firmensitz spie-
gelt sich auf der makellosen Haube
des 750iL, unter der sich ein Zwölfzylinder verbirgt. Dieser erste V12
von BMW hatte mehr von der Charakteristik eines Jaguar als von der
eines Ferrari; vor allem war er aber
ein echter BMW!

38

d. h. eine elektronisch kontrollierte Servolenkung. Verschiedene Neuerungen kamen beim 750iL allerdings erstmals zum Einsatz, wie die elektronischen Systeme ASC (Automatische Stabilitäts-Control, die ein Durchdrehen der Antriebsräder verhindern soll) und EDC (Elektronische Dämpfer-Control zur Regelung der Schwingungsdämpfung). Der 750iL kann mit Elektronik vollgestopft sein wie ein Raumschiff, äußerlich ist er ein BMW geblieben, gediegen und etwas massiger als gewohnt. Nur die famose BMW-Doppelniere, zweimal so breit wie gewöhnlich, läßt die zwölf Zylinder unter der Haube vermuten. Auch hinter dem Lenkrad bestätigt sich der erste Eindruck. Schon der Sechszylinder war ein Wunder an Laufkultur, sodaß der Zwölfzylinder nicht wirklich überrascht. Auch hier spürt man ein Hochleistungstriebwerk, das mit der

Kompetenz, Diskretion und Zuverlässigkeit eines durchtrainierten Spezialisten arbeitet. Diese bei voller Belastung über zwei Tonnen schwere Limousine hat sich mit einer effektiven Spitzengeschwindigkeit von 260 km/h bei 4900/min das Recht erworben, in diesem den schnellsten GT-Automobilen gewidmeten Buch aufgeführt zu werden. Man kann sich das Ziel vorstellen, das die Münchner Firma mit dem 750iL verfolgte; Vor ihm hatten die Modelle der Marke zwar auch die Phasen des sozialen Aufstiegs vielversprechender junger Führungskräfte begleitet, mußten aber die Rolle des Statussymbols an Jaguar, Mercedes oder Bentley abtreten, sobald die höchsten Sphären erreicht waren. Mit dem 750iL ist das nicht mehr nötig, der BMW-Kunde kann seiner Marke bis ans Ende seiner Berufskarriere treu bleiben.

Wer will, kann die unter der Haube des 750iL-V12 herrschende Ordnung bewundern. Nur der doppelt so breite Kühler dieser großen Limousine läßt den Zwölfzylinder vermuten.

MOTOR
* **Position:** Vorn. - **Anordnung:** Längs.
* **Typ:** V-Zwölfzylinder, 60°.
* **Kühlung:** Flüssigkeit, Kühler vorn und Visco- Lüfterkupplung.
* **Hubraum:** 4988 cm³.
* **BohrungxHub:** 84x75 mm.
* **Verdichtung:** 8,8:1.
* **Bauart:** Block und Zylinderköpfe aus Aluminiumlegierung, gesenkgeschmiedete Kurbelwelle mit 7 Lagern.
* **Ventilsteuerung:** 2 obenliegende Nockenwellen, Antrieb durch Rollenkette und 2 Ventile pro Zylinder.
* **Einspritzung/Zündung:** Digitale Motor Elektronik (Motronic III _ getrennte Steuerung für jede Zylinderbank).
* **Max. Leistung:** 300 PS (220 kW) bei 5200/min.
* **Max. Drehmoment:** 45,9 mkg (450 Nm) bei 4100/min.

KRAFTÜBERTRAGUNG
* **Antrieb:** Auf die Hinterräder.
* **Getriebe:** Automatisches Vierganggetriebe mit Drehmomentwandler und elektronischer EH-Steuerung mit Drei-Programm-Wahl: sportlich, wirtschaftlich und manuell).
* **Achsübersetzung:** 3,15:1.
* **Getriebeübersetzungen:** - I. 2.48 , II. 1.48 , III. 1.00 - IV. 0,73 - RG. 2.09

KAROSSERIE UND FAHRWERK
* **Rahmenstruktur:** Selbsttragende Ganzstahlkarosserie.
* **Fahrzeugtyp:** Limousine, 4/5 Sitzplätze.
* **Radaufhängung vorn:** Einzeln an Doppelgelenkachse, Federbeine, Schraubenfedern, Stabilisator.
* **Radaufhängung hinten:** Einzeln an Schräglenkern, Schraubenfedern, hydropneumatische Niveauregulierung.
* **Lenkung:** Kugelumlauf mit Lenkhilfe.
* **Bremsen:** 4 innenbelüftete Scheibenbremsen mit Bremskraftverstärker und ABS-System.
* **Felgen:** Leichtmetall und Reifen 225/60 VR 15.

ABMESSUNGEN UND GEWICHTE
* **Radstand:** 2947 mm.
* **Spur vorn/hinten:** 1528/1556 mm.
* **Gesamtlänge:** 5024 mm.
* **Breite:** 1845 mm.
* **Höhe:** 1400 mm.
* **Zul. Gesamtgewicht:** 1860 kg.

FAHRLEISTUNGEN
* **Höchstgeschwindigkeit:** 250 km/h.
* **Beschleunigung:**
- von 0 auf 100 km/h: 7,4 s.
- 1000 m mit steh. Start: 27,6 s.

KRAFTSTOFFVERBRAUCH
- 90 km/h: 8,6 l/100 km.
- 120 km/h: 10,9 l/100 km.
- Stadtverkehr: 20,8 l/100 km.

FERRARI 288 GTO

Der 288 GTO, vom gleichen Konzept wie der 308 GTB, erreichte als erster Straßensport-Ferrari klar die 300-km/h-Grenze. Er entwickelte mit zwei Turboladern 400 PS. Unschwer zu erkennen ist er an seiner breiteren Spur und seinen massigen Goodyear Eagle-Reifen.

Die Konzeption des GTO rührt an den eigentlichen Kern des Ferrari-Mythos. Mit ihr knüpfte Ferrari wieder an die prestigereiche Tradition der Wettbewerbs- Berlinettas an, die einst auf Rennpisten ebenso zu Hause waren, wie auf öffentlichen Straßen. Die Sportberlinettas 250 GT »Tour de France« der 50er Jahre, die sich am Sonntag in unschlagbare Rennwagen verwandelten, und am Montag im Alltagsverkehr die Kinder zur Schule transportierten, sind unvergessen. Diese Tradition fand ihren vollkommensten Ausdruck in der großartigen Berlinetta 250 GTO von 1962, verlor sich dann aber in der durch die Erdölkrise hervorgerufenen allgemeinen wirtschaftlichen Flaute der 70er Jahre. Danach verlief die Entwicklung der Renn- und Tourenmodelle bei Ferrari auf ganz verschiedene Weise und es bedurfte einer willkürlichen Entscheidung, einer jener noblen, großzügigen Gesten, wie sie Enzo Ferrari zu eigen waren, um den abgerissenen Faden der Tradition wieder mit der Gegenwart zu verknüpfen.

So erfuhr die Welt 1984 die Entstehung eines neuen Ferrari GTO. Das Unternehmen aus Maranello war natürlich besser geeignet, diese Bezeichnung wieder einzuführen, als früher eine Firma wie Pontiac. Die Kennung »O« für »Omologato« (homologiert) war seit 1962 immer noch die gleiche, aber 1984 hatte sich die Situation geändert. 1962 kam diese Bezeichnung für den hitzigen Enzo einer Herausforderung gleich. Die Homologation seiner neuen Berlinetta war stark umstritten, und Enzo war fest entschlossen, die Zustimmung zur Zulassung in die Gruppe B zu erzwingen, ohne sich an die Auflage einer Mindestproduktion zu halten. Im Jahr 1984 war das »O« dagegen nur noch eine reine Formsache, die darüber Aufschluß gab (nicht ohne eine gewisse Nostalgie), daß mindestens 200 Exemplare dieses Modells gebaut werden sollten. Das geschah dann auch vom Herbst 1984 bis zum Frühjahr 1985. Das Werk verzichtete sogar, trotz der die 200 Exemplare der obligatorischen Serie weit übertreffenden Nachfrage, auf eine Weiterführung der Produktion. Wie man sieht, hatte Ferrari 25 Jahre später nichts mehr gegen die Notwendigkeit einer Serienproduktion einzuwenden, wenn sie ihm zweckdienlich sein konn-

te, was früher mit der Original-Berlinetta GTO nicht der Fall gewesen war.

Es dauerte eine gewisse Zeit, bis sich herausstellte, daß der GTO Nummer Zwei trotz ordnungsgemäßer Zulassung nie Karriere im Rennsport machen würde. Der Commendatore hatte diesmal das bis zur Zulassungsbewilligung übliche Verfahren umgekehrt: Nicht mehr der Serienwagen diente dem Rennmodell als Alibi, sondern ein hypothetischer Rennwagen war Werbeträger und Vorwand zum Bau einer Kleinserie hochleistungsfähiger Straßensportmodelle, was den kompromißlosen Anhängern der Marke, vor allem wenn sie das nötige Kleingeld besaßen, nur recht sein konnte. Letzten Endes mußte sich nur der Motor des 288 GTO im Wettkampf bestätigen... allerdings unter der Marke Lancia, was vielleicht der eigentliche Zweck dieser zweiten GTO-Episode war.

Der 288 GTO kann vereinfacht und in Kurzform als verbesserter 308 GTB bezeichnet werden. Es hatten jedoch einige wichtige Modifikationen stattgefunden, die zeigen, daß hier nicht überstürzt gehandelt wurde: Der 288 GTO ist nicht bloß ein Prüfstand auf Rädern für den Mo-

tor der Kategorie B oder zumindest nicht ausschließlich. Der GTO, Zweiter seines Namens, ist ein komplettes und ausgewogenes Auto. So wurde der Motor des GTO, im Gegensatz zum querliegenden Aggregat des GTB, längs im Anschluß an das Getriebe eingebaut, was zu einem um 11 cm verlängerten Radstand führte. Auch für die Karosserie des GTO konnten nur wenige Teile des GTB-Vorgängers verwendet werden, insbesondere, weil man die Spur zur Aufnahme von Reifen Goodyear Eagle VR50 verbreitert hatte, mit denen der Ferrari wie mit vier enormen Saugnäpfen am Boden klebte.

Die Rohrstruktur mit abnehmbaren hinteren Hilfsrahmen erinnert an den BB 512 Le Mans, aber auch an den ganz neuen Testarossa. Mit Ausnahme der Türen aus Stahlblech und der Heckhaube aus Leichtmetall war zur Herstellung der restlichen Karosserie Kunstfaser verwendet worden. Deshalb wog der 288 GTO auch trotz seiner komplizierten Mechanik kaum mehr als sein Vorgänger 308 GTB: Knapp über 1200 kg Leergewicht.

Wie aus seiner Typenbezeichnung entnommen werden kann, besitzt der 288 GTO einen 2,8 l großen V8-Motor, ein direkter Nachkomme des 308 GTB, der aber mit Hilfe zweier Abgas-Turbolader die beträchtliche Leistung von 400 PS entwickelt. Zwei Behr-Wärmeaustauscher aus Leichtmetall kühlen die Ladeluft; sie sind an ein in Maranello hergestelltes, den Ladedruck regelndes Bypass-Ventil angeschlossen. Der Ladedruck erreicht 1,8 bar, die Verdichtung wurde daher auf 7,6:1 reduziert. Die Bohrung beträgt nur noch 80 mm (statt 81 mm für den 308 GTB) bei unverändertem Hub von 71 mm. Damit be-

Dem Konzept nach gleicht der 288 GTO mehr dem 308 GTB, als der Sportberlinetta 250 GTO, seinem illustren Namensvetter von 1962, der hier wie zufällig neben dem 288 GTO am Eingang zum Werk in Maranello zu sehen ist. Im Gegensatz zum 308 ist der Motor des neuen GTO längs eingebaut.

läuft sich der Gesamthubraum auf 2855 cm³. Multipliziert man diese Zahl mit dem vom Reglement für Kompressormotoren vorgeschriebenen Handicap-Faktor 1,4, so erhält man den korrigierten Wert von 4 Litern, der dem Hubraumlimit der Homologationskategorie B entspricht.

Dafür muß natürlich entsprechend bezahlt werden – aber wer würde das für dieses Auto anders erwarten? Mit wahlweise erhältlichen Extras wie elktrischen Fensterhebern oder Klimaanlage steigt der Preis weiter an. Sobald diese Details geregelt sind, kann es sich der Eigentümer des 288 GTO hinter dem Lenkrad des ersten »GT«-Ferrari bequem machen, der die 300 km/h- Grenze – jene Mach-2-Grenze für Automobile – klar erreicht.

Die von Testfahrern registrierte Höchstgeschwindigkeit liegt bei 305 km/h. Die Beschleunigungswerte sprechen ebenfalls für sich: 100 km/h sind in 4,9 s erreicht und für 200 km/h braucht der GTO 15,2 s. Die Innenausstattung gleicht der des GTB-Vorgängers. Ihr strenger, etwas düsterer Klassizismus überrascht in dieser fast exhibitionistischen Karosserie. Bei dem in

Trotz ihrer Ähnlichkeit haben die Karosserien des 288 GTO und des 308 GTB nur wenige identische Bauteile. Das charakteristische, schmucklos strenge Interieur des 288 GTO gleicht dem des GTB, mit einem Tacho bis 320 km/h und Turbolader »oblige« einem Luftdruckmesser.

absolutem Kontrast zum aggressiven Styling stehenden, nüchterner Interieur denkt man unwillkürlich an das Cockpit eines Jagdflugzeuges. Das ebenfalls vom GTB übernommene Armaturenbrett ist mit den unerläßlichen Meß- und Kontrollinstrumenten wie Ladedruckmesser, Tacho bis 320 km/h und Tourenzähler bis 10000/min bestückt.

Als echte »Straßen«-Version ist der GTO auch im dichten Straßenverkehr am richtigen Platz. Der V8 mit zwei obenliegenden Nockenwellen und vier Ventilen pro Zylinder schnurrt in den Staus zärtlich und gefügig wie ein gezähmter Puma. Grund: Ein elektronisches Marelli-Weber-System wacht über die der jeweiligen Verkehrslage entsprechenden Gemischbildung und Zündung. Aus 1500/min im vierten Gang dreht der Motor mit der Geschwindigkeit einer sich entspannenden Sprungfeder hoch. Das beste Drehmoment von 50 mkg ist bei 3500/min erreicht. Sobald jedoch das Gaspedal energisch betätigt wird, fühlt man sich wie von einem Nachtlokal-Rausschmeißer und ehemaligen Schwergewicht-Weltmeister an Schultern und Rücken gepackt und mit unwiderstehlicher Kraft nach vorne befördert. Die beiden Turbos setzen mit dem rasanten Vorschub eines startenden Düsenjets ein und lassen auf dem Asphalt zwei lange schwarze Spuren zurück.

Die griffigen Goodyear-Reifen haften unbeirrbar auf dem Asphalt, reagieren aber auf jede Bodenunebenheit. Aufmerksamkeit ist vonnöten, um den Ferrari auf Kurs zu halten. Das kleine, mit Leder bezogene Lenkrad will mit den sicheren Reflexen eines chinesischen Taschenspielers betätigt werden, um den unweigerlich auftretenden Haftverlust zu korrigieren, sobald die Straßendecke uneben, naß oder staubig wird.

Beim Schalten ist der schwarze Kugelgriff der Knüppelschaltung energisch zu manipulieren, um den richtigen Gang der verchromten Schaltkulisse zu finden. Mit der Präzision eines Steptänzers müssen die Füße von einem Pedal zum anderen fliegen, um im richtigen Moment das Gaspedal loszulassen, damit die Bremssättel aus Leichtmetall mit der nötigen Effizienz die belüfteten Bremsscheiben betätigen können.

So sehen die »schrecklichen Freuden« aus, die den Piloten am Steuer des 288 GTO erwarten.

MOTOR
- **Position:** Mitte hinten
- **Anordnung:** Länge.
- **Typ:** V8-90°.
- **Hubraum:** 2855 cm³.
- **BohrungxHub:** 80x71 mm.
- **Verdichtung:** 7,6:1.
- **Bauart:** Leichtmetall, Pleuel und Kurbelwelle mit 5 Lagern aus Schmiedestahl.
- **Ventiltrieb:** 2 obenliegende Nockenwellen pro Zylinderreihe, Zahnriemenantrieb, 4 Ventile in V-Anordnung pro Zylinder.
- **Aufladung:** 2 Abgas-Turbolader IHI mit Wärmeaustauscher aus Aluminium (1 pro Zylinderreihe).
- **Einspritzung/Zündung:** Integral-Elektronik Weber-Marelli.
- **Max. Leistung:** 400 PS (294 kW) bei 7000/min.
- **Max. Drehmoment:** 50,60 mkg (496 Nm) bei 3800/min.
- **Max. nutzbare Drehzahl:** 7700/min.

KRAFTÜBERTRAGUNG
- **Antrieb:** Auf die Hinterräder.
- **Getriebe/Achsantrieb:** Vollsynchron. Fünfganggetriebe + RG.
- **Achsübersetzung:** 2,9:1 (10/29).

KAROSSERIE UND FAHRWERK
- **Rahmenstruktur:** Rohrrahmen, Karosserie aus Kunststoff (Fiberglas, Nomex, Kevlar auf Verstärkungsstruktur in Wabenform) und armiertem Harz; Türen aus Stahl. Heckklappe aus Aluminiumblech auf Stahlrahmen.
- **Fahrzeugtyp:** Sportberlinetta, 2 Sitzplätze.
- **Radaufhängung vorn:** Einzeln an doppelten Dreieckslenkern, Federbeine mit Schraubenfeder/Teleskopstoßdämpfer, Stabilisator.
- **Radaufhängung hinten:** Einzeln an doppelten Trapez- Dreieckslenkern, Federbeine mit Schraubenfeder/Teleskopstoßdämpfer, Stabilisator.
- **Lenkung:** Zahnstange.
- **Bremsen:** 4 innenbelüftete Scheibenbremsen.
- **Felgen:** Leichtmetallegierung mit Zentralnabe.
- **Reifen:** Vorn 225/55 VR 16; hinten 255/55 VR 16.

ABMESSUNGEN UND GEWICHTE
- **Radstand:** 2450 mm.
- **Spur vorn/hinten:** 1569/1562 mm.
- **Gesamtlänge:** 4290 mm.
- **Breite:** 1910 mm.
- **Höhe:** 1120 mm.
- **Leergewicht des betriebsfertigen Fahrzeugs (mit leeren Tanks):** 1160 kg.

FAHRLEISTUNGEN
- **Höchstgeschwindigkeit:** 305 km/h.
- **Beschleunigung:**
- 400 m mit steh. Start: 12,7 s.
- 1000 m mit steh. Start: 21,8 s.
- 0 auf 100 km/h: 4,9 s.
- 0 auf 200 km/h: 15,2 s.

KRAFTSTOFFVERBRAUCH
- Bei 90 km/h: 8,4 l/100 km.
- Bei 120 km/h: 10,6 l/100 km.
- Stadtverkehr: 17,5 l/100 km.

FERRARI TESTAROSSA

Für bedingungslose Anhänger der Marke sind die Schöpfungen aus Maranello meist die Synthese aller Künste wie Bildhauerei, Malerei, Architektur, ja sogar Musik. Sie haben für den Klang eines Ferrari-Auspuffs das Ohr eines Stammgastes der Mailänder Scala und rühmen die Rundung eines Kotflügels mit den gleichen Worten, die ein Sammler florentinischer Bronze-Artefakte oder ein Bewunderer Ornella Mutis gebrauchen würde.

Wie die meisten Kunstliebhaber ziehen sie das Alte dem Modernen vor. Da gibt es welche, die immer noch dem Daytona nachtrauern oder andere, die beim 275 GRTB oder beim Kurzchassis stehengeblieben sind. Wieder andere können sich absolut nicht mit der 1959 beschlossenen Aufgabe der Haarnadelventile abfinden. Heute sieht die orthodoxe Fraktion der Markentreuen mißbilligend, wie ihre Lieblingsmarke der bequemen Turbo-Lösung erliegt. Gleichzeitig avanciert der von ihnen unlängst noch als dekadentes Fabrikat kritisierte Zwölfzylinder langsam zum noblen Kern der Ferrari.

Der vor knapp fünfzehn Jahren entwickelte BB erobert sich langsam einen Platz im Ferrari-Mythos. Diese Würdigung erstreckt sich sogar auf den im Herbst 1984 als Nachfolger eingeführten Testarossa. Tatsächlich tauchte er fast zum gleichen Zeitpunkt wie der 288 GTO auf, der für die Puristen den verdammenswerten Mode-Gadgets huldigte. Der Testarossa dagegen erschien wie ein Ferrari nach alter Väter Sitte, das Überbleibsel eines goldenen Zeitalters.

Bislang hat es für die Ferraristen nur einen Testarossa gegeben, die berühmte zweisitzige Sportbarketta der 50er Jahre, so wie es nur einen einzigen GTO gab und geben wird. Der Testarossa von 1984, glücklicherweise noch auf der Basis des Original-BB entstanden, war grundlegend überarbeitet worden, ohne daß man jedoch revolutionäre Neuerungen eingeführt hatte. Der 5 l große Boxer- Zwölfzylinder war mit unveränderten Abmessungen (82x78 mm) übernommen worden, aber die Zylinderkopfdeckel hatten einen roten Lacküberzug erhalten, die dem neuen Motor gleich seinen Namen »Rotkopf« gab; wahrscheinlich sollte damit auf die vier Ventile pro Zylinder aufmerksam ge-

Aus dieser Perspektive und bei geöffneten Türen ist das charakteristische Merkmal des Testarossa besonders deutlich erkennbar: Die von langen Kühlrippen durchbrochenen Türen zur besseren Belüftung des Heckmotors. Ein stilistischer Effekt, der vielleicht keinen ungeteilten Beifall findet, aber der Testarossa hält überzeugendere Argumente bereit. Vielleicht ist er der letzte »mechanische« Ferrari in einer Zeit, in der die Elektronik wachsenden Einfluß auf die Entwicklung des Autos ausübt. Man sollte die Gelegenheit nutzen, denn beim nächsten Ferrari überwacht vielleicht schon ein Bord-Computer die meisten Fahrfunktionen, wie beim Porsche 959. Der F40 zeigt bereits den Weg.

Der Testarossa hatte die schwierige Aufgabe, die Nachfolge des so gefragten BB anzutreten. Zum Glück machte die Ähnlichkeit die Überleitung nicht allzuschwer.

ger des Modells einen weiteren Grund zur Genugtuung gegeben: Es hätte nicht viel gefehlt, und der Testarossa wäre der letzte »Ferrari Ferraris« gewesen (ein beneidenswertes Ende!), d. h., das letzte zu Lebzeiten des Commendatore gebaute Modell. Aber Enzo Ferrari konnte noch die Entstehung des F40 überwachen, der auf den Spuren des Porsche 959 wandelt.

macht werden. Neu waren die nicht mehr aus Stahl gefertigten, sondern nach Porsche-Art aus spezialbehandeltem Leichtmetall bestehenden Zylinderlaufbüchsen. Das war der Grund, weshalb der 48-Ventiler 20 kg weniger wog als sein Vorgänger. Mit einem Leistungsanstieg von 50 PS entwickelte der Testarossa 390 PS bei 6300/min, was eine Überarbeitung der Kraftübertragung nötig gemacht hatte.

Die Karosserie glich in vielerlei Hinsicht noch dem BB, ist aber dennoch anders. Ihre Linienführung entspringt ganz offensichtlich weniger dem Zeichenstift eines genialen Stilisten, als der präzisen Skizze eines Ingenieurs für Aerodynamik.

Auch diesmal hatte Pininfarina sich für maßvolles Styling entschieden. Man kann das bedauern, zumal die stilistischen konzeptuellen Einfälle des faszinierenden Modulo (er ist schon 20 Jahre alt!) bisher nicht wirklich ausgewertet worden waren. Dank seiner den Luftwiderstand vermindernden Formgebung hatte man beim Testarossa auf auffällige Luftleitelemente verzichten können. Das neue Modell unterscheidet sich vor allem durch seine im Heck untergebrachten Kühler, der vordere Lufteinlaß dient größtenteils der Dekoration. Die großvolumigen seitlichen Lufteinlässe als einziges dekoratives Element (dessen Fächerform vielleicht keinen uneingeschränkten Beifall findet), versorgen den zentral liegenden Zwölfzylinder mit Frischluft und tragen der vergrößerten Spurweite Rechnung.

Auch auf der Straße ist der Testarossa der würdige Nachfolger des Berlinetta Boxer, BB genannt. Wie jener überrascht diese massige zweisitzige Sportberlinetta durch ihre erstaunliche Wendigkeit und ihre noch größere Richtungsstabilität bei hohem Tempo. Allerdings erreicht auch der Testarossa nicht ganz die 300 km/h-Grenze, obwohl er ihr näher kommt als der BB.

Wie der BB ist auch der Testarossa ein echtes Hochleistungsfabrikat. Der Pilot ist der einzige Herr an Bord, und kein Flugschreiber nimmt seinen Platz ein.

Fast hätte es für die kompromißlosen Anhän-

Verständlicherweise hatte der Faktor Aerodynamik beim Karosserieentwurf des Testarossa Vorrang vor stilistischen Erwägungen gehabt. Das aerodynamische Konzept verringert den Auftrieb, macht das Auto unempfindlich für Seitenwind und verleiht ihm eine hervorragende Richtungstabilität bei hoher Geschwindigkeit, ohne auffälliges aerodynamisches Zubehör.

Ganz vorne, unter sechs voluminösen Einlaßkrümmern, ist ein rotlackierter Zylinderkopfdeckel zu sehen, ein Merkmal, dem der Testarossa seinen Namen verdankt.

MOTOR

- **Position:** Mitte hinten.
- **Anordnung:** Länge
- **Typ:** Zwölfzylinder-Boxer.
- **Kühlung:** Zwei seitlich untergebrachte Kühler mit automatischen Elektrolüftern.
- **Hubraum:** 4942 cm³.
- **Bohrung x Hub:** 82x78 mm.
- **Verdichtung:** 9,2:1.
- **Bauart:** Leichtmetallegierungen, Pleuel und Kurbelwelle mit 7 Lagern aus Schmiedestahl.
- **Ventiltrieb:** 2 obenliegende Nockenwellen pro Zylinderreihe, Zahnriemenantrieb, 4 Ventile pro Zylinder.
- **Gemischaufbereitung:** Mechanische Kraftstoff-Einspritzung »Bosch-K-Jetronic«.
- **Zündung:** Elektronisch, Marelli-»Microplex«, unabhängig für jede Zylinderreihe.
- **Schmierung:** Trockensumpf.
- **Max. Leistung:** 390 PS (286,8 kW) bei 6300/min.
- **Max. Drehmoment:** 50 mkg (490,4 Nm) bei 4500/min.
- **Max. brauchbare Drehzahl:** 6800/min.

KRAFTÜBERTRAGUNG

- **Antrieb:** Auf die Hinterräder.
- **Getriebe/Achsantrieb:** Vollsynchr. Fünfganggetriebe und RG.
- **Achsübersetzung:** 3,214:1 (14/45).
- **Getriebeübersetzungen**
- I. 3.140, II. 2.014, III. 1.526, IV. 1.167, V. 0.875, RG. 2.532

KAROSSERIE UND FAHRWERK

- **Rahmenstruktur:** Mischbauweise; Stahlrohrrahmen und Karosserie aus Aluminium; Dachaufbau und Türen aus Stahl.
- **Fahrzeugtyp:** Sportberlinetta, 2 Sitzplätze.
- **Radaufhängung vorn:** Einzeln mit doppeltem Trapez-Querlenker, Federbeinen mit Schraubenfeder/Teleskopstoßdämpfer, Stabilisator.
- **Radaufhängung hinten:** Einzeln mit doppeltem Trapez-Querlenker, Federbeine mit Schraubenfeder und doppelt wirkendem Teleskopstoßdämpfer, Stabilisator.
- **Lenkung:** Zahnstange.
- **Bremsen:** Innenbelüftete Scheibenbremsen mit Bremskraftverstärker.
- **Felgen:** Aluminium, Zentralbefestigungsnabe.
- **Reifen:** Vorn: 240/45 Vr 415 TRX (oder 225/50 VR 16). Hinten: 280/45 VR 415 TRX (oder 255/50 VR 16).

ABMESSUNGEN UND GEWICHTE

- **Radstand:** 2550 mm.
- **Spur vorn/hinten:** 1518/1660 mm.
- **Gesamtlänge:** 4485 mm.
- **Breite:** 1976 mm.
- **Höhe:** 1130 mm.
- **Leergewicht:** 1506 kg.

FAHRLEISTUNGEN

- **Höchstgeschwindigkeit:** 290 km/h.
- **Beschleunigung**
- 0 bis 100 km/h: 6,6 s.
- 0 bis 200 km/h: 21,4 s..
- 1000 m mit steh. Start: 24,7 s.

KRAFTSTOFFVERBRAUCH

- bei 90 km/h: 9,9 l/100 km.
- bei 120 km/h: 11,8 l/100 km.
- Stadtverkehr: 23,7 l/100 km.

FERRARI F40

Der F40 (Ferrari 40 Jahre) hat 40 Zündkerzen. Sein Motor ist kein 20-Zylinder mit Doppelzündung, sondern diese letzte Schöpfung ist so etwas wie eine Geburtstagstorte, mit der Enzo Ferrari seine 40jährige Renntätigkeit feierte und die Elite unter seinen Kunden überraschte.

Man schrieb damals den 11. Mai 1947. Auf der italienischen Rennstrecke Piasenza führte eine offene Sportbarketta unter einer unbekannte Marke eine Zeitlang ein wenig besuchtes Rennen an, und erregte durch den merkwürdig zornigen Klang seines V12-Triebwerks Aufmerksamkeit. Zum ersten Mal nahm ein Ferrari an einem Rennen teil. Es war ein Typ 125 Sport mit 1500 cm³ und 70 PS Leistung. Nach 5000 Siegen und 40 Jahren beschloß Enzo Ferrari höchstpersönlich den Bau des F40, und wich dabei zum ersten Mal (man feiert nicht alle Tage einen vierzigsten Geburtstag) von seinem herkömmlichen Bezeichnungssystem ab.

Allerdings mußte man sein Stück Torte schon verdienen und nicht für jedermann war eins vorhanden. Für jedes der 450 zum Grundpreis von ca. 445000 DM angebotenen Exemplare flehten zwei oder drei Anwärter um die Ehre, einen F40 ihr eigen nennen zu dürfen. Allerdings waren die Leistungen des F40 auch dazu angetan, das Wasser im Munde aller Kenner zusammenlaufen zu lassen: Zwei Abgas-Turbolader, 478 PS, 320 km/h und 12 s, um von 0 auf 220 km/h zu beschleunigen.

Es wäre müßig, den Ferrari von 1947 mit dem Ferrari von 1987 zu vergleichen. Der F40 leistet mit doppeltem Hubraum siebenmal so viel wie sein Vorgänger. In 40 Jahren hat sich die Firma aus Maranello natürlich weiterentwickelt. Wichtig ist bei diesem Vergleich nur, daß beide Modelle typische Ferrari sind, die Temperament und Leistungen einer Rennmaschine mit der Straßentauglichkeit eines echten GT-Modells verbinden.

Der F40 verdankt, wie man sich unschwer vorstellen kann, seine Existenz noch einem anderen Grund als dem eines – wenn auch bedeutsamen – Gedenktages. Enzo war kein Mensch, der in der Vergangenheit lebte. Selbst neunzigjährig blieb sein Interesse an der Gegenwart wach, und die Gegenwart war für Enzo ein ge-

Man muß wissen, daß der F40 auf der Basis des 328 GTB entstanden ist, aber nach den durch die Studien im Windkanal nötig gewordenen Modifikationen blieb vom Originalentwurf nur noch der Dachaufbau übrig. Wie beim 288 GTO war der V8 mit 4 Ventilen pro Zylinder längs eingebaut worden. Mit zwei Turboladern IHI entwickelt der F40 478 PS bei 7000/min, beschleunigt in 12 s von 0 auf 200 km/h und ist 320 km/h schnell.

Der F40 – eine Rennmaschine auf offener Straße.

wisser Porsche 959, der für den gerade herausgebrachten 288 GTO ein ernstzunehmender Rivale war. So entstand der F40 auf der Basis des 288 GTO (der seinerseits vom 3-l-308 GTB abstammte), wurde aber konsequent weiterentwickelt. Später diente der F40 dem neuen 328 GTB mit 3,2-l-Motor als Basis zur Leistungssteigerung. Der famose V8 im 90-Winkel mit vier obenliegenden Nockenwellen und 32 Ventilen wurde wieder parallel zur Fahrtrichtung eingebaut, besaß aber einen auf 3 Liter (2936 cm^3 = 82x69,5 mm) erhöhten Hubraum. Der 288 GTO dagegen mußte sich, wie wir gesehen haben, mit 2,8 l Hubraum begnügen.

Statt Zylinderzahl und Hubraum zu erhöhen, griff Ferrari beim F40 wieder auf die Lösung der Abgasturbolader zurück. Man kann in dieser Wahl eine Bequemlichkeitslösung sehen, aber

selbst in Maranello wird, obwohl der Schein vielleicht manchmal trügt, die Kunst selten nur um der Kunst willen betrieben. Effizienz ist auch dort höchstes Gebot. Vielleicht ist das paradoxerweise der Grund, warum es der Marke mit dem kleinen Pferd so oft gelingt, zur wahren Kunst vorzustoßen. Der V16 ist bei Ferrari noch lange nicht programmiert, und noch weniger der 20-Zylinder- mit Doppel- oder sogar Einfachzündung. Der F40 ist mit den gleichen Ladern der Marke IHI ausgestattet wie der GTO, aber der Ladedruck erreicht 2,1 bar (gegen 1,8 für den GTO). Derart aufgeblasen, entwickelt der V8-Motor 478 PS Leistung (statt der 400 des GTO).

Aber der F40 gibt sich nicht damit zufrieden, schlicht stärker zu sein als der Basis-288 GTO, er ist mit 1100 kg Leergewicht auch bedeutend leichter. Der GTO trug nach seiner Leistungsspritze lieber weiter seine elegante Hülle, der F40 hatte dagegen seinen Kampfdress angelegt, was ihn um runde 100 Kilo leichter machte.

Seine Ausstattung war auf ein Minimum reduziert worden. Im Vergleich zu ihr strahlt das billigste, für den Binnenmarkt bestimmte Auto einer Volksrepublik einen Hauch von Luxus und Dekadenz aus. Die Pedale des F40 haben keinen Gummibelag, es gibt keinen Aschenbecher und noch weniger ein Handschuhfach. Gepäck folgt besser im Dienst-Mercedes mit Chauffeur und Butler nach. Sogar der Lufteinlaß im Heck mit seinem von »pop«-Nieten umrandeten, feinmaschigen Gitter im Hühnerstall-Stil macht den Ein-

Bei Pininfarina liegen Stilbüro und Windkanal dicht beieinander. Technik und Ästhetik stehen beim F40 in vollkommenem Einklang.

59

nicht mehr viel Ähnlichkeit mit dem 328 GTB-Vorbild und sieht nicht mehr wie eine nachträglich hinzugefügte falsche Nase aus. Der große Heckflügel wirkt ebenfalls wie ein organisch mitgewachsener Bestandteil der Karosserie.

Unter seiner kompromißlos sportlichen Hülle verbirgt der F40 moderne Technik. Er ist der erste Ferrari, bei dem die Elektronik so vollkommen in den Dienst des Piloten gestellt wird. Wie in Formel 1-Rennwagen werden Zündung, Gemischaufbereitung (zwei Einspritzdüsen pro Zylinder), Ladedruck (Regelung durch Bypass-Ventil) und die Bodenfreiheit automatisch gesteuert: Wie beim Porsche 959 garantiert die elektronische Niveauregulierung eine von Zuladung und Bodenbeschaffenheit unabhängige, gleichbleibende Fahrzeuglage.

Sogar das asketisch nüchterne Cockpit hält Überraschungen bereit. Für jeden F40-Kunden wird im Werk ein Sitz nach den persönlichen Maßen geformt und die Pedalerie der individuellen Sitzposition angepaßt. Außerdem kann der neue Eigentümer an einem zweitägigen Fahrkurs auf der Fiorino-Rennstrecke teilnehmen, der ihn mit seiner Anschaffung vertraut machen soll.

Die Liste der Zusatzausstattung ist ziemlich kurz, aber es gibt immerhin eine Klimaanlage, ein »muss« für den amerikanischen Absatzmarkt. Auch das Getriebe darf gewählt werden: Mit Schaltklauen für die Rennversion oder vollsynchronisiert im GT-Stil. Der Eigentümer hat die Genugtuung, die für ihn persönlich gefertigte, für den Verkehr auf öffentlichen Straßen zugelassene, perfekte Kampfmaschine in der Hand zu haben, und sein Glück wäre vollkommen, wenn... ja, wenn es nicht den Porsche 959 gäbe...

MOTOR
- **Position:** Im Heck.
- **Anordnung:** Längs.
- **Typ:** V8-90°.
- **Kühlung:** Wasser.
- **Hubraum:** 2936 cm³.
- **BohrungxHub:** 82x69,5 mm.
- **Verdichtung:** 7,6:1.
- **Bauart:** Leichtmetall; Pleuel und Kurbelwelle mit 5 Lagern aus Schmiedestahl.
- **Ventiltrieb:** Zwei obenliegende Nockenwellen pro Zylinderreihe mit Zahnriemenantrieb und 4 Ventile in V-Anordnung pro Zylinder.
- **Aufladung:** Zwei wassergekühlte Abgas-Turbolader IHI mit max. Überdruck von 1,1 bar und Wärmeaustauscher.
- **Einspritzung/Zündung:** Integral-Elekrinik Weber-Marelli.
- **Max. Leistung:** 478 PS bei 7000/min.
- **Max. Drehmoment:** 55 mkg bei 3500/min.
- **Max. nutzbare Drehzahl:** 7700/min.

KRAFTÜBERTRAGUNG
- **Antrieb:** Auf die Hinterräder.
- **Getriebe/Achsantrieb:** Vollsynchr. Fünfganggetriebe und RG.
- **Achsübersetzung:** 2,9:1.

KAROSSERIE UND FAHRWERK
- **Rahmenstruktur:** Stahlrohrrahmen, Karosserie aus verschiedenen Baustoffen.
- **Fahrzeugtyp:** Sportberlinetta, 2 Sitzplätze.
- **Radaufhängung:** Geschwindigkeitsabhängige Niveauregelung.
- Vorn: Einzeln mit doppelten Dreieckslenkern und Federbeinen mit Schraubenfeder und Flüssigkeitsstoßdämpfer, Stabilisator.
- Hinten: Einzeln mit doppeltem Trapez-Querlenker und Federbeinen mit Schraubenfeder und Flüssigkeitsstoßdämpfer, Stabilisator.
- **Lenkung:** Zahnstange.
- **Bremsen:** Innenbelüftete Scheibenbremsen mit Bremskraftverstärker.
- **Felgen:** Aus Leichtmetall mit Zentralbefestigungsnabe.
- **Reifen:** vorn: 225/55 VR 16; hinten: 255/50 VR 16.

ABMESSUNGEN UND GEWICHTE
- **Radstand:** 2450 mm.
- **Spur vorn/hinten:** 1559/1562 mm.
- **Gesamtlänge:** 4430 mm.
- **Breite:** 1980 mm.
- **Höhe:** 1130 mm.
- **Leergewicht:** 1100 kg.

FAHRLEISTUNGEN
- **Höchstgeschwindigkeit:** 324 km/h.
- **Beschleunigung:**
- 0 auf 200 km/h: 12 s.
- 1000 m mit steh. Start: 21 s.

druck, als hätte man den Snobismus der Milliardäre in zerschlissenen Blue Jeans imitieren wollen. Auch bei den Türen des F40 mit ihren Plastik-Schiebefenstern und ihrem von einem schlichten Riemen betätigten Schloß sind Anklänge an die Le Mans-Berlinettas der 50er Jahre und der nostalgische »Sport-touch« spürbar.

Im Gegensatz zum 288 GTO, der seine Abstammung vom 308 GTB nicht verleugnen kann, ist die vom 328 GTB übernommene Passagierzelle des F40 kaum mehr zu erkennen, so grundlegend war die Karosserie überarbeitet worden. Auch der F40 war nach dem Effizienzprinzip entstanden: Sein trotz zahlreicher Lufteinlässe niedriger Cw-Wert von 0,34 beweist, daß man seriöse aerodynamische Forschung ohne überflüssige stilistische Sentimentalität betrieben hatte.

Glücklicherweise liegt bei Pininfarina der Windkanal direkt beim Stilbüro, und das unvermeidliche aerodynamische Zubehör ist auf angenehme Weise in die Linienführung der Karosserie integriert. Wie das Cockpit hat auch die Front

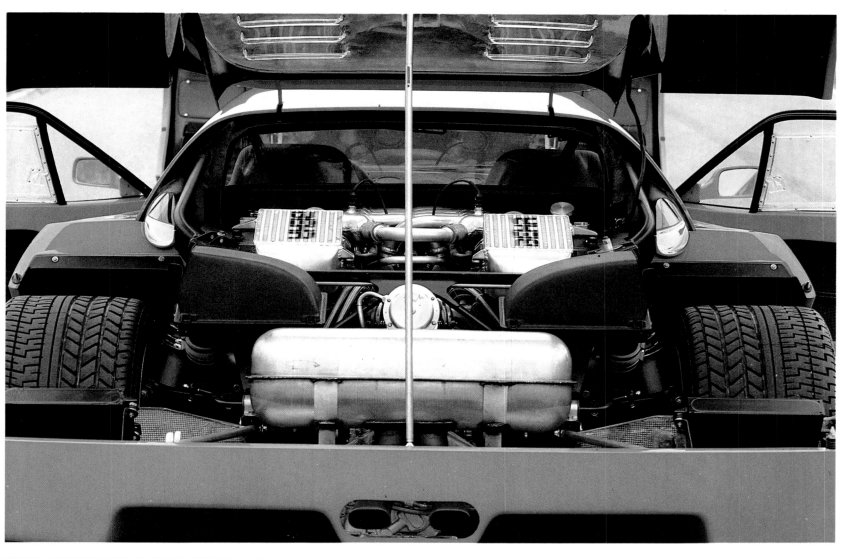

JAGUAR XJS TWR

Im Januar 1984 führte TWR auf der Ausstellung in Brüssel seinen optimierten und frisierten Jaguar XJS vor. TWR sind die Initialen von Tom Walkinshaw Racing einer in Kidlington bei Oxford ansässigen Firma, die es sich zur Aufgabe gemacht hatte, mit Hilfe des Jaguar-Werks die Krallen der aus Coventry stammenden großen Katze zu schärfen.

Ihr Gründer, Tom Walkinshaw, ist ein gebürtiger Schotte, der seine Laufbahn mit diversen von Alpina modifizierten BMW begann, die er für Großbritannien importierte. Bald kam er auf den Gedanken, bei den britischen Konstrukteuren die Rolle der Firma Alpina zu spielen und übernahm die Rennvorbereitung der Jaguar und Rover.

Es war keine leichte Aufgabe, der Firma, deren Siesta unter dem Siegeslorbeer in einen Zustand der Lethargie auszuarten drohte, den Kampfgeist wiederzugeben. Aber TWR konnte auf die Unterstützung John Egans zählen, des seit 1980 an der Spitze der Firma amtierenden Präsidenten, der sich seinerseits aktiv darum bemühte, Jaguar ein Come-back zu verschaffen und die Firma aus ihrem Schlaf aufzurütteln.

Diese Bemühungen zeigten am Ende der Saison 1984 ihren ersten Erfolg: Die von TWR präparierten Jaguar-Coupés XJS (S steht für Sport) holten sich in der Europameisterschaft der Tourenwagen den ersten Platz vor BMW. Nichts war daher logischer, als auch die XJS-Kunden-Coupés von den im Rennbetrieb gemachten Erfahrungen profitieren zu lassen. Walkinshaw unterzog sie allerdings einer weniger radikalen Leistungskur als die Werkscoupés, die aber genügte, um den großen, seit ihrer Einführung im Jahr 1975 an der Grenze des Vergessens existierenden XJS eine neue Identität zu geben. Seit 1975 litt das Coupé XJS am gravierenden Handicap seiner Karosserie, die nach dem Prinzip »atemberaubend aber nicht überlebensfähig« entworfen zu sein schien. Die Front mit den länglichen Scheinwerfereinfassungen paßte so schlecht zum Heck mit dem stark abgeschrägten Rückfenstern à la Pininfarina, daß es aussah, als hätten verschiedene Stilisten oder erklärte Feinde daran gearbeitet. Im Profil gesehen war der XJS von phantasieloser Dürftigkeit.

Heckspoiler und Nummernschild sind die äußerlich sichtbaren Kennzeichen, daß das Coupé XJS bei TWR (Tom Walkinshaw Racing) präpariert wurde. Der Karosserieentwurf stammt vom Stilisten Peter Stevens und seine aerodynamische Wirksamkeit wurde im Windkanal bewiesen.

Das von TWR präparierte Coupé XJS hat 1984 vor den direkten Rivalen BMW den Sieg im Europa-Pokal für Tourenwagen errungen.

Immerhin gelang es TWR, dem Jaguar mangels einer völlig neuen Erscheinung – eine wohl unmögliche Aufgabe – wenigstens einen ausgeprägten Charakter zu verleihen. Zu diesem Zweck waren einige aerodynamische Teile wie Front- und Heckspoiler sowie Seitenblenden angebracht worden, die Ästhetik und Leistung verbesserten. Ein Resultat, das zu gleichen Teilen dem Stilisten Peter Stevens und Studien im Windkanal zu verdanken war.

In dieser Aufmachung schlüpfte der XJS ungehinderter durch die Luftwirbel als das Basismodell, dessen Aerodynamik zu wünschen übrig ließ. Der Cw-Wert sank von 0,44 auf 0,39. Nicht weniger wichtig war die Wirkung auf den Auftrieb, der ebenfalls bis zu 60% an der Vorderachse und bis zu 88% an der Hinterachse reduziert wurde.

Der XJS war mitsamt der Stoßstangen in frischeren Farbtönen lackiert worden, von denen sich mattschwarze Zierelemente optisch günstig abhoben. Leder und Tweed gaben dem Interieur den typisch britischen, wenngleich etwas modernisierten Anstrich, der von einem mit schwarzem Leder bezogenen, rot abgesteppten TWR-Lenkrad gekrönt wurde.

Die Federung war auch beim XJS noch relativ weich abgestimmt, dafür gab es kräftigere Stabilisatoren und Bilstein-Stoßdämpfer. Die einzeln aufgehängten Hinterräder hatten einen größeren negativen Sturz. Das gesamte System wurde durch hervorragende Goodyear-Eagle-Reifen und in Italien von Speedline für TWR hergestellte Spezialfelgen aus Leichtmetall vervollständigt. Nach dieser Behandlung zeigte der XJS keine Tendenz mehr zu Schaukelbewegungen und starker Seitenneigung in Kurven. Mit Hilfe einer leichtgängigeren und präziseren Lenkung blieb er unbeirrbar auf Kurs.

Neue AP-Bremsen mit Spezialbelägen, vier Kolben pro Bremssattel und innenbelüfteten Bremsscheiben sorgten für wirksames Verlangsamen dieses mit Zuladung zwei Tonnen schweren, 250 km/h schnellen Fahrzeugs.

Das automatische Getriebe konnte durch ein mechanisches ZF-Fünfganggetriebe ersetzt werden, das speziell für TWR wieder hervorgeholt wurde. Vielleicht ist es interessant zu wissen, daß dieses Getriebe ursprünglich für den Mitte der 70er Jahre geplanten, aber wegen der Erdölkrise unverwirklicht gebliebene BMW-V12 entwickelt worden war.

Die Innenausstattung war in den TWR-Werkstätten in Kidlington in einem etwas gefälligeren Stil erneuert worden, in dem sich Tweed und Leder harmonisch ergänzen. Auch das mit schwarzem Leder bezogene, mit rotem Garn vernähte Lenkrad ist ein TWR-Design.

MOTOR

- **Position:** Front.
- **Anordnung:** Längs.
- **Typ:** V12-60°.
- **Bauart:** Leichtmetall.
- **Hubraum:** 5343 cm³.
- **BohrungxHub:** 12,5:1.
- **Kurbelwelle:** Schmiedestahl, 7 Lager.
- **Ventiltrieb:** Zwei obenliegende Nockenwellen mit Kettenantrieb, zwei Ventilen pro Zylinder.
- **Gemischaufbereitung:** Indirekte Benzin-Einspritzung mit digitaler elektronischer Steuerung.
- **Zündung:** Elektronisch.
- **Kühlung:** Wasser, Kühler vorn.
- **Max. Leistung:** 296 DIN-PS (218 kW) bei 5200/min.
- **Max. Drehmoment:** 44 mkg (432 Nm) bei 3250/min.

KRAFTÜBERTRAGUNG

- **Antrieb:** Auf die Hinterräder.
- **Getriebe:** Mechanisch mit 5 synchr. Gängen + RG.
- **Achsübersetzung:** 2,88:1.
- **Getriebeübersetzung:**
- I. 3.30, II. 1.85, II. 1.29, IV. 1.00, V. 0.83, RG. 3.36

KAROSSERIE UND FAHRWERK

- **Rahmenstruktur:** Selbsttragende Ganzstahlkarosserie mit Hilfsrahmen für die Hinterachse.
- **Fahrzeugtyp:** Coupé, 4 Sitzplätze.
- Cw: ca. 0.39.
- **Radaufhängung vorn:** Einzeln mit doppelten Dreieckslenkern aus Schmiedestahl. Schraubenfedern und coaxiale Stoßdämpfer, Stabilisator.
- **Radaufhängung hinten:** Einzeln mit unterem Gabellenker, Schräg- Schubstrebe und Halbschwingachse. Doppelte Schraubenfedern und coaxiale Stoßdämpfer.
- **Lenkung:** Zahnstange mit hydraulischer Servolenkung.
- **Bremsen:** 4 innenbelüftete Scheibenbremsen mit Bremskraftverstärker.
- **Felgen:** Leichtmetall.
- **Reifen:** 225/50 VR 6.

ABMESSUNGEN UND GEWICHTE

- **Radstand:** 2591 mm.
- **Spur vorn/hinten:** 1490/1505 mm.
- **Gesamtlänge:** 4765 mm.
- **Breite:** 1793 mm.
- **Höhe:** 1250 mm.
- **Leergewicht:** 1755 kg.

FAHRLEISTUNGEN

- **Höchstgeschwindigkeit:** 262 km/h.
- **Beschleunigung:**
- 0 auf 100 km/h: 5,9 s.

KRAFTSTOFFVERBRAUCH

- 18 bis 20 l/100 km.

Der prestigereiche werkseigene V12-H. E. (steht für High Efficiency) hatte sich dagegen nur wenig verändert. TWR war vor allem um maximale und ungehinderte Beatmung bemüht gewesen, die durch geschickte Korrekturen der Ein- und Auslaßwege erreicht wurde.

Wenn das massige Coupé XJS die Fabrik in Kidlington verließ, war es schon besser zum Wettkampf gerüstet. Tom Walkinshaw kündigte eine Spitze von 260 km/h und 6 Sekunden für die Beschleunigung von 0 auf 100 km/h an.

Der Tuning-Betrieb TWR kann im Durchschnitt drei Autos pro Woche präparieren, im

Notfall sogar die doppelte Zahl. Ein letztes Detail: Das gesamte Tuning-Paket kostet 11360 Pfund Sterling, zuzüglich der Steuern. Ein großer Teil dieser Arbeit kann von den Markenhändlern in aller Welt geleistet werden. TWR-Jaguar Sport stellt Umbausätze für Karosserie, Federung, Räder etc. zu ihrer Verfügung, aber die Firma bietet noch Besseres an: Der Hubraum des V12 (5,3 l) kann mit Hilfe einer neuen Kurbelwelle, die den Hub von 70 auf 80 mm verlängert, sowie modifizierten Zylinderköpfen, auf 6 l erhöht werden. Der Kunde bezahlt dafür 6500 Pfund für die sein Jaguar letzten Endes 360 PS bei 5300/min mit einem besseren Drehmoment abgibt: 55 mkg bei 3000/min.

Tom Walkinshaw hat für seinen persönlichen Bedarf ein Coupé XJS gewählt, dessen 6,4-l-Motor auf künftige Projekte schließen läßt.

Der berühmte Jaguar-V12, der größte Trumpf des Coupés XJS, blieb dem Konzept nach unverändert, nur Gemischaufbereitung und Auslaßwege wurden vom Motorentuner TWR speziell präpariert. Danach erreichte der Zwölfzylinder 296 PS und eine Höchstgeschwindigkeit von 260 km/h für dieses massige Coupé, das in betriebsfertigem Zustand zwei Tonnen schwer ist.

LAMBORGHINI COUNTACH

Bald wird der Countach 20 Jahre alt – ein für ein Prestigeautomobil normalerweise kritisches Alter. Zu diesem Zeitpunkt steht es nicht mehr im Blickpunkt der Öffentlichkeit und ist noch weit vom Glorienschein der Ausstellungsraritäten entfernt. Dennoch hat der Countach nichts von seiner zeitlos-jugendlichen Erscheinung und seiner Faszination eingebüßt.

Sein Auftauchen auf öffentlichen Straßen wird von gewöhnlichen Automobilisten, die ihre geheimsten Wunschvorstellungen im Countach plötzlich Form annehmen sehen, als Provokation empfunden. Es ist kaum zu glauben, daß er nur vier Jahre jünger ist als der Aston Martin-V8.

1971 wurde der Prototyp des Countach auf dem Salon in Genf ausgestellt. Wieder einmal war es Bertone gewesen, der für Aufruhr gesorgt hatte. Marcello Gandini, sein genialer Stilist, hatte eine Synthese seiner beiden letzten denkwürdigen Kreationen Carabo und Stratos geschaffen und ihr eine etwas wirklichkeitsnähere Form gegeben.

Wie beim Carabo klappen die Türen in Fahrtrichtung auf, und wie beim Stratos ist die Fronthaube auf ein Minimum reduziert. Zum ersten Mal hat sich ein sogenannter Tourenwagen vom Komplex der Motorhaube befreit, der heute noch das Bindeglied zwischen Automobil und Pferdewagen darstellt. Tatsächlich spricht die Volumenaufteilung im Countach für sich: Die Front sieht wie amputiert aus, weil nur das Reserverad und die Füße des Fahrers darunter Platz finden müssen. Warum also so tun, als ob?

Wenn die Front verkümmert ist, so zieht sich das Heck des Countach hinter dem Cockpit in die Länge wie die Trägerrakete hinter der Raumkapsel: Phantastische Proportionen, so phantastisch wie die darunter liegende Mechanik.

Auch hier erübrigt sich eigentlich die Feststellung, daß beim Countach nicht gemogelt wird: Der Lamborghini-V12 und seine Kraftübertragung halten alles, was der monströse Höcker im Heck verspricht!

Der Countach ist auch heute noch die einzige Mittelmotor-Berlinetta, die unmißverständlich die Anordnung ihrer Organe zu erkennen gibt. Bei einem Heckmotor-Porsche oder einem Ferrari

Sogar auf dem Land, hier in der Umgebung von Mailand, erregt der Countach Aufsehen.

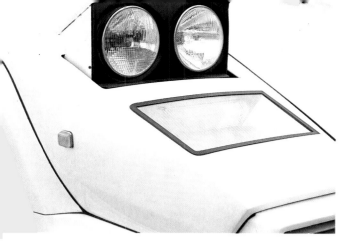

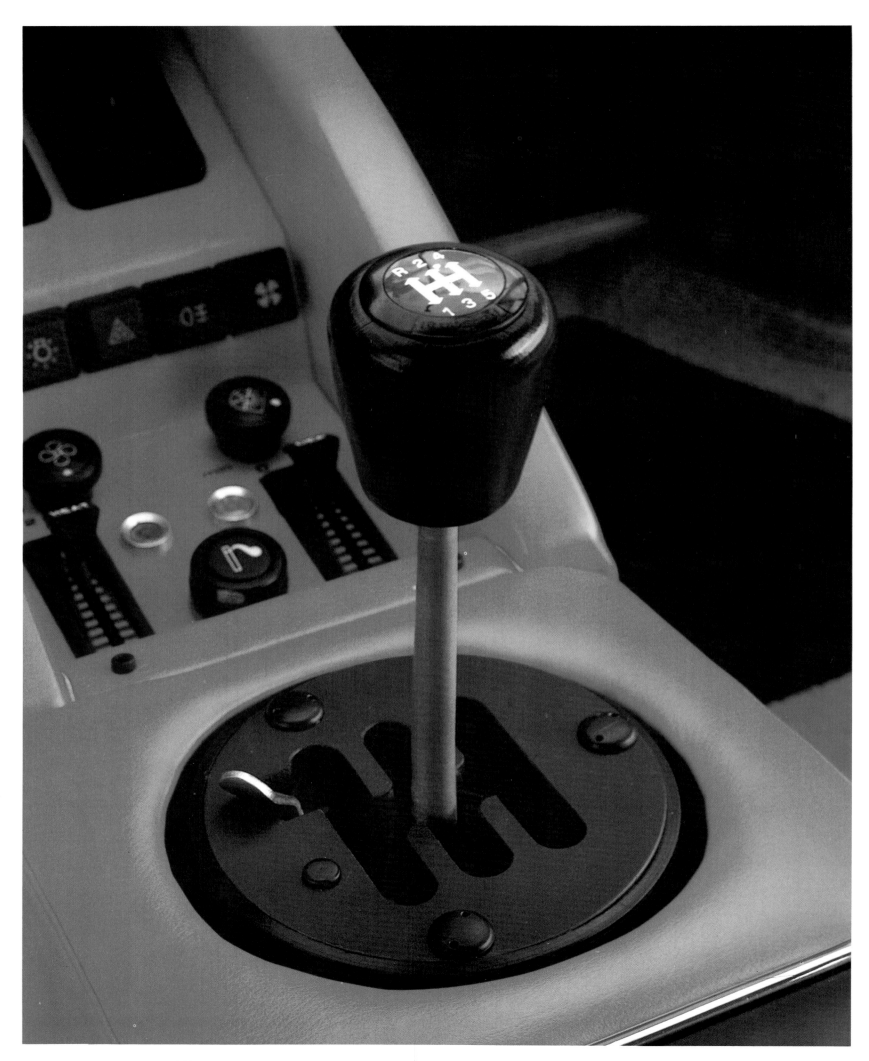

haben Front und Heck meist nahezu identische Proportionen, als ob die wirkliche Position der Mechanik verborgen werden sollte.

Nach seiner aufsehenerregenden Offenbarung im Jahr 1971 ließ der Countach noch ein paar Jahre auf sich warten. Erst 1974 erschien die endgültige Version, die sich in mehrfacher Hinsicht vom ersten Prototyp unterschied. Der Kastenrahmen mit Kreuzverstrebungen »à la Miura« war durch einen Rohrgestellrahmen ersetzt worden. Der erste Prototyp besaß einen 4,75-l-Motor, der Serien-Prototyp dagegen nur einen Hubraum von 4 Litern (3929 cm³), wie der Miura.

1978 erhielt der Countach Pirelli P7-Reifen, zu deren Aufnahme die Radausschnitte erweitert werden mußten, was die Silhouette nicht gerade vorteilhaft veränderte, aber als Vorwand zur damals vielverwendeten Kennzeichnung »S« (für Sport) gerade recht kam.

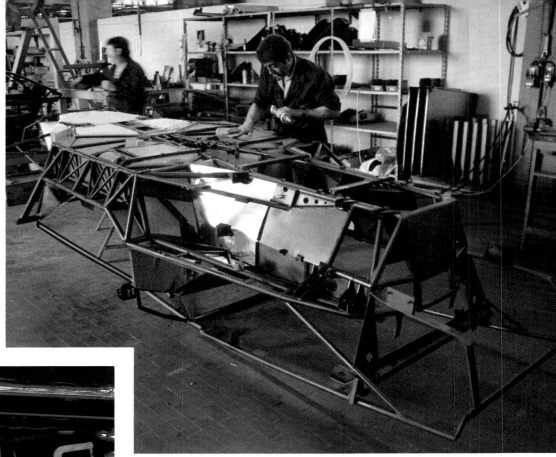

Der Motorraum des Countach: Der Orchestergraben einer fabelhaften Zwölfzylinder-Oper.

Einige Merkmale des Countach wirken fast schon etwas veraltet, wie z. B. die Leichtmetall-Karosseriebleche auf einer Rohrrahmenstruktur (oben). Eine modernere Lösung ist der zwecks Gewichtsreduzierung durchbrochene Kastenrahmen des Miura (nebenstehend), der sich aber nicht so gut zur handwerklichen Fertigung eignet wie der Rohrrahmen.

MOTOR

- **Position:** Mitte hinten.
- **Anordnung:** Längs.
- **Typ:** V12-60°.
- **Bauart:** Leichtmetall.
- **Hubraum:** 4754 cm³.
- **BohrungxHub:** 85,5 x 69 mm.
- **Kurbelwelle:** Maschinell gefertigt, 7 Lager.
- **Ventiltrieb:** Zwei obenliegende Nockenwellen pro Zylinderreihe mit Kettenantrieb. Zwei Ventile in V-Anordnung pro Zylinder.
- **Gemischaufbereitung:** 2x3 Doppel-Flachstromvergaser Weber 45DCOE.
- **Zündung:** Elektronisch.
- **Kühlung:** Wasser, zwei Kühler seitlich untergebracht und zwei elektrische Lüfter.
- **Max. Leistung:** 350 PS (258 kW) bei 7200/min.
- **Max. Drehmoment:** 43,5 mkg (427 Nm) bei 4500/min.

KRAFTÜBERTRAGUNG

- **Antrieb:** Auf die Hinterräder.
- **Getriebe:** Fünf vollsynchr. Gänge + RG.
- **Achsübersetzung:** 4,091:1 (11/45).
- **Getriebeübersetzungen:**
- I. 2.232, II. 1.2625, III. 1.086, IV. 0.858, V. 0.707, RG. 1.960

KAROSSERIE UND FAHRWERK

- **Rahmenstruktur:** Rohrrahmen aus Stahl mit Boden und Radkästen aus Polyester; Karosserie aus vernieteten Aluminiumblechen.
- **Fahrzeugtyp:** Coupé, 2 Sitzplätze.
- **Radaufhängung vorn:** Einzeln, mit zwei doppelten Dreieckslenkern, Federbeinen mit Schraubenfeder/Hydraulischem Teleskopstoßdämpfer, Stabilisator.
- **Radaufhängung hinten:** Einzeln, mit Quer-Schubstreben (1 oben, 2 unten) und zwei schräge Schubstreben, doppelte Federbeine mit Schraubenfeder/Hydraulischem Teleskopstoßdämpfer, Stabilisator.
- **Lenkung:** Zahnstange, ohne Servo.
- **Bremsen:** Innenbelüftete Scheibenbremsen mit Bremskraftverstärker.
- **Felgen:** Aluminiumlegierung.
- **Reifen:** vorn: 205/50 VR 15; hinten: 345/35 VR 15.

ABMESSUNGEN UND GEWICHTE

- **Radstand:** 2450 mm.
- **Spur vorn/hinten:** 1492/1606 mm.
- **Länge:** 4140 mm.
- **Breite:** 2000 mm.
- **Höhe:** 1070 mm.
- **Leergewicht:** 1540 kg.

FAHRLEISTUNGEN

- **Höchstgeschwindigkeit:** 273 km/h.
- **Beschleunigungen:**
- 0 auf 100 km/h: 5,9 s.
- 0 auf 200 km/h: 20,2 s.
- 400 m mit steh. Start: 13,8 s.
- 1000 m mit steh. Start: 24,8 s.

KRAFTSTOFFVERBRAUCH

- bei 90 km/h: 13,1 l/100 km.
- bei 120 km/h: 15,2 l/100 km.
- Stadtverkehr: 34,3 l/100 km.

1982 erreichte der Hubraum die 4,75 l des ersten Prototyps, zwar ohne einen nennenswerten Leistungsanstieg, dafür reagierte der Motor aber noch williger als zuvor auf die Wünsche des Fahrers. In der Zwischenzeit war auch die auf den Automobilbau angewendete Aerodynamik den Kinderschuhen entwachsen. Man erinnerte sich an die Aufregung der Miura-Fahrer auf der Jagd nach den »effektiven 300«, als die Nase ihres Renners plötzlich wie eine Mirage III am Ende der Piste aufwärts strebte. Zur Behebung dieses Übels erhielt das Meisterwerk Gandinis einen imposante Heckflügel, der den Eindruck von Provokation und Aggressivität noch verstärkte. Allgemein stellten die Fahrer des Countach aber überrascht fest, wie willig der neueste Lamborghini trotz seiner kompromißlos sportlichen Karosserie reagierte. Der V12 konnte wie eine Primadonna sanfte Wiegenlieder säuseln oder Helden-arien singen. Selbst im unteren Drehzahlbe- reich reagierte er so gutwillig wie ein Elektro- motor. Auch im Straßenverkehr zeigte sich der Countach von seiner besten Seite, korrigierte Fahrfehler automatisch oder ignorierte sie so gelassen wie ein Citröen 2CV, und blieb auf gerader Strecke richtungsstabil wie ein funkgesteuertes Geschoß.

Es gab nur eine Achillesferse, an die Fanatiker heute fast mit Rührung denken: Der Rückwärtsgang war synchronisiert, wie bei allen Lamborghini (eine Laune Ferruccios). So geschah es denn hin und wieder, daß ein noch unerfahrener, zerstreuter oder ungeduldiger Countach-Eigner ihn trotz seiner Sperre wie einen Vorwärtsgang einlegte. Das hatte zur Folge, daß das Getriebe gewöhnlich seinen gesamten Inhalt, flüssig wie fest, auf den Boden verstreute.

Aus bestimmten Blickwinkeln betrachtet, sieht der Countach wie ein ungeheuerliches Motorrad mit Spezialverkleidung aus.

Unter der brutal-aggressiven Rennkarosserie verbirgt der Countach ein überraschend prachtvolles Cockpit.

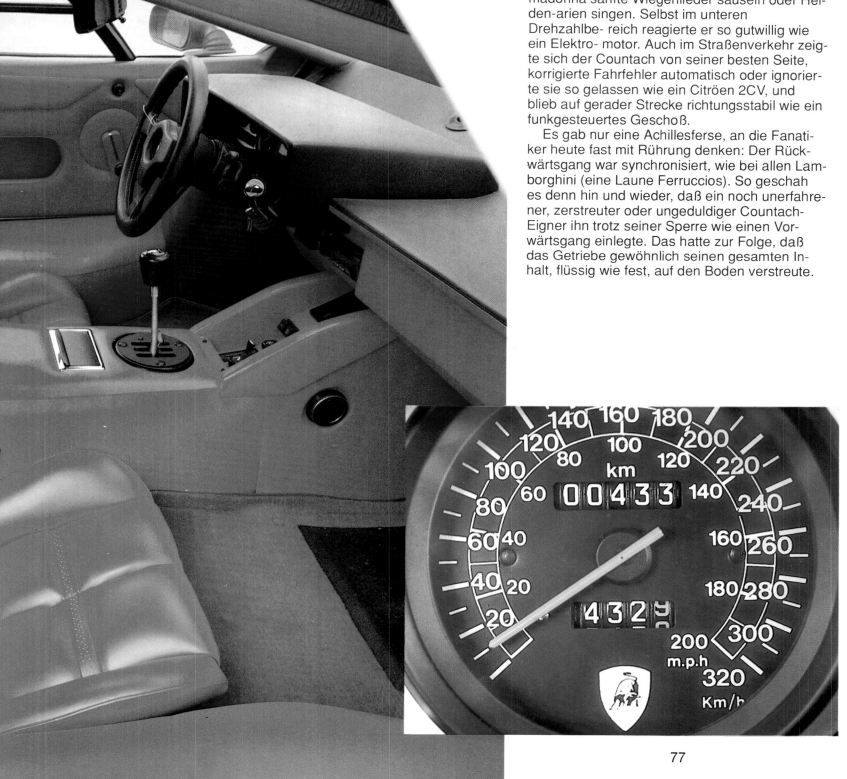

MERCEDES 560 SEC

Das Mercedes-Coupé 560 SEC, makellos glatt und massig wie ein Goldbarren, ist der würdige Vertreter jener beruhigenden Gründlichkeit und etwas nüchternen, aber überlegenden Kompetenz, mit der die Marke Daimler-Benz identifiziert wird.

Wie der BMW M635 CSi ist auch der 560 SEC ein vielseitig verwendbarer Streiter, allerdings in höchst ziviler Aufmachung. Sein gutbürgerliches Äußeres läßt nur wenig Rückschlüsse auf die wirklichen Eigenschaften dieses luxuriösen Coupés mit wohlgerundeten Formen zu, in dessen klimatisiertem und schallgedämpftem Interieur vier erwachsene Insassen so sicher und bequem reisen können, wie in einem in 10000 m Höhe fliegenden Düsenflugzeug. Es ist kein müßiger Vergleich, den ich hier bemühe, denn in dieser Höhenlage wird die Konkurrenz rar. Der Anschaffungspreis des 560 SEC ist natürlich sehr hoch und noch ohne die auf Wunsch erhältlichen Extras einer Liste, die so lang ist wie das Sündenregister im Handbuch des Beichtvaters.

Vor kurzem hat sich der Hubraum des großen V8, des Spitzenmodells der Motoren-Baureihe, dank einer neuen Kurbelwelle mit einem auf 94,8 mm (statt 84,6 mm) verlängerten Hub, von 5 auf 5,6 l erhöht. Die offizielle Begründung waren die neuen, die Verwendung von Katalysatoren und bleifreiem Benzin betreffenden innerdeutschen Vorschriften: Das Leistungsniveau sollte trotz dieser Einschränkungen erhalten bleiben.

Im Grunde hatte die Firma Daimler-Benz aber diesen Umstand genutzt, um eine »europäische« Version des V8 mit einer Verdichtung von 10:1 herauszubringen, die nur mit verbleitem Kraftstoff und nicht modifizierten Auslaßwegen betriebsfähig war. Der ganz aus Leichtmetall bestehende V8 entwickelte 300 PS Leistung, mit der das auf diesen Seiten gezeigte Coupé 560 SEC 250 km/h erreichte, das Hauptkriterium aller im vorliegenden Buch aufgeführten Modelle. Dem Anschein nach hatte Mercedes beim 560 SEC nur wenig Zugeständnisse an die aerodynamischen Erfordernisse gemacht aber auch nur dem Anschein nach. Ohne aggressiv gestylte Front- oder Heckspoiler, und ohne bei den Ei-

Mit einem von 5 auf 5,6 l vergrößerten Hubraum stieg die Leistung der »europäischen« Version des Mercedes 500 SEC mit V8-Motor von 230 auf 300 PS. Damit verschaffte er sich Eintritt in den exklusiven Club der »über 250 km/h schnellen Automobile«. Die Flachbettfelgen sind ein Kennzeichen dieser Version, die zum Top der Baureihe gehört

Bei Mercedes ist ein Coupé im wesentlichen eine zweitürige Limousine. Im 560 SEC genießen vier Erwachsene Komfort und Stereoklänge, aber auch das Leistungsniveau der kompromißlosen Sportberlinettas.

Unter den Hilfsaggregaten ist der V8 kaum mehr zu sehen. Das aerodynamische Karosserieprofil ohne Unebenheiten und Vorsprünge wird in den voll integrierten Ausstattungsdetails am deutlichsten (rechts oben).

gentümern des vorhergehenden Modells Komplexe auszulösen, erzielte der neue 560 SEC durch Studien im Windkanal und Beseitigung aller störenden Vorsprünge an der Karosserie einen relativ guten aerodynamischen Wirkungsgrad, der die Fahrstabilität verbesserte und sich auch optisch günstig auswirkte. Außerdem reduzierte diese aerodynamische Linienreinheit das Geräuschniveau beim Schnellfahren.Das Coupé mit der Leichtigkeit eines olympischen Schwimmers zwar nicht durch Wasser-, aber durch Luftwirbel zu gleiten.

Unter seiner schmucklos-schlichten Hülle wartet der 560 SEC mit Gadgets auf wie ein Dream-Car von GM. Ein Gelenkarm reicht dem Passagier beim Platznehmen den Sicherheitsgurt mit der Geste eines Mafioso-Leibwächters, der seinem Chef Feuer für die Zigarre reicht. Elektronik ist bis am Lenkrad spürbar: Mercedes hat sich für die Sicherheits-Luftkissen in der Lenkradnabe entschieden, das sich beim Zusammenprall aufbläst.

Dem Kunden werden Extras wie beheizbare Sitze und sogar ein automatisches Vorwärmesystem für den Innenraum angeboten, mit dem er

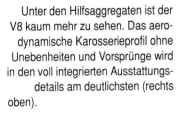

Ein schmucklos strenges Design, das durch einige wenige Teile aus lackiertem Holz etwas aufgelockert wird. In Stuttgart blieb man weiter Lenkrädern mit großem Durchmesser treu. Ein Druck auf das Markensymbol in der Lenkradnabe bringt den Luftsack zum Vorschein.

an kalten Wintertagen in ein gemütlich warmes Auto steigen kann. Die aufblasbaren Sitzpolster passen sich automatisch der Anatomie des Fahrers an, der von der Mercedes-Technik wie ein Pascha im Serail verwöhnt wird. Der mittels eines Hebels (in Form eines Miniatursitzes) regulierbare elektronische Sitzmechanismus kann wohl kaum perfekter erdacht werden: Sobald sich die Tür öffnet, gleitet der Sitz automatisch zurück, um das Aussteigen zu erleichtern wobei die ursprüngliche Einstellung gespeichert bleibt.

Im 560 SEC dient Spitzentechnologie höch-stem Fahrgenuß, dies aber in einem etwas düster wirkenden Rahmen, den auch sparsam verwendetes lackiertes Holz nicht aufzulockern vermag.

Hier wie überall ist Mercedes bemüht, Zweckdienliches zu schaffen. Die seriöse Stuttgarter Firma baut Autos nicht nur zum Anschauen. Autos sind es, die schon Sammlerstücke sind, bevor sie überhaupt benutzt wurden. Das ist ihre Art, dem Kunden Respekt zu zeigen...

Aus diesem Blickwinkel macht der 560 SEC einen beruhigend kraftvollen und zuverlässigen Eindruck.

MOTOR
- **Position:** Front.
- **Anordnung:** Längs.
- **Typ:** V8-90˚, Motorblock und Zylinderköpfe aus Leichtmetall.
- **Kühlung:** Kühlflüssigkeit; Kühler im Bug.
- **Hubraum:** 5547 cm³.
- **BohrungxHub:** 96,5x94,8 mm.
- **Verdichtung:** 10:1.
- **Ventiltrieb:** 2 obenliegende Nockenwellen von Duplexkette angetrieben, 2 Ventile pro Zylinder.
- **Gemischaufbereitung:** über Mikroprozessoren gesteuerte indirekte mechanisch/elektronische Einspritzung.
- **Zündung:** Elektronisch, von Mikroprozessor gesteuert.
- **Schmierung:** Ölsumpf.
- **Max. Leistung:** 300 DIN PS (220 kW) bei 5000/min.
- **Max. Drehmoment:** 46,4 mkg (455 Nm) bei 3750/min.
- **Max. nutzbare Drehzahl:** 6000/min.

KRAFTÜBERTRAGUNG
- **Antrieb:** Auf die Hinterräder.
- **Getriebe:** Automatik, 4 Gänge, Drehmomentwandler, elektronisch wählbare Fahrprogramme »sportlich« oder »ökonomisch«.
- **Achsübersetzung:** 2,65:1.
- **Getriebeübersetzungen:**
- I. 3.87, II. 2.25, III. 1.44, IV. 1.00, RG. 5.59

KAROSSERIE UND FAHRWERK
- **Rahmenstruktur:** Selbsttragende Ganzstahlkarosserie.
- **Radaufhängung vorn:** Einzeln mit doppelten Querlenkern, Schraubenfedern und Stabilisator.
- **Radaufhängung hinten:** Einzeln mit unterem Schräglenker und Doppelgelenkwellen, Stabilisator.
- **Lenkung:** Schneckenlenkung mit Servo.
- **Bremsen:** 4 innenbelüftete Scheibenbremsen.
- **Felgen:** Leichtmetall.
- **Reifen:** 215/65 VR 15.

ABMESSUNGEN UND GEWICHTE
- **Radstand:** 2845 mm.
- **Spur vorn/hinten:** 1555/1527 mm.
- **Gesamtlänge:** 4935 mm.
- **Breite:** 1828 mm.
- **Höhe:** 1407 mm.
- **Gewicht:** 1750 kg.

FAHRLEISTUNGEN
- **Höchstgeschwindigkeit:** 250 km/h.
- **Beschleunigungen:**
- 0 bis 100 km/h: 7,2 s.
- 400 m mit steh. Start: 12,5 s.
- 1000 m mit steh. Start: 27,3 s.

KRAFTSTOFFVERBRAUCH
- bei 90 km/h: 10,6 l/100 km.
- bei 120 km/h: 12,8 l/100 km.
- Stadtverkehr: 17,2 l/100 km.

PORSCHE 928 S4

Die Laufbahn der gleichzeitig gebauten Porsche 911 und 928 hat etwas Symbolisches, das einer Mischung aus Marquis de Sade und Comtesse de Ségur gleichkommt: Die Guten werden bestraft und die Bösen belohnt. Der tugendhafte, seriöse, kompetente 928 vegetierte, während sich der perverse und widersprüchliche 911 immer größerer Beliebtheit erfreute.

Der 928 stellt den perfekten Ingenieurstraum dar: Ein kompakter V8, vorne eingebaut, Getriebe/Differentialeinheit im Heck, vier einzeln aufgehängte Räder, eine windschnittig profilierte Karosserie: Das Automobil, wie es nach den Lehrbüchern zu sein hat.

Der 911 dagegen ist eher ein Beispiel dessen, was man nicht tun sollte: Im letzten Jahrzehnt vor der Jahrtausendwende gleicht seine Karosserie einem Meisterwerk naiver Kunst, und sein luftgekühlter überhängender Heckmotor wird in der ganzen Welt nur noch von Skoda kopiert.

Trotzdem erweitert sich der Anhängerkreis des 911 ständig, während der 928 oft nur diskretes Gähnen erntet. Es ist nicht zu leugnen, daß Tugend in der Automobilindustrie wie überall nicht immer die gerechte Belohnung erhält.

Der 1977 eingeführte Porsche 928 besitzt eine Persönlichkeit, die so makellos glatt ist wie seine Karosserie, so ausgeglichen wie sein Fahrverhalten, so intelligent wie sein Gesamtkonzept. Man bewundert ihn allseits, man krönte ihn sogar zum »Auto des Jahres«, aber Preise für Tugend ziehen selten Verehrer an. Porsche verstand die Lektion und unterzog sein Meisterwerk einigen Modifikationen: Es erhielt einen diskreten Heckspoiler, der Hubraum wurde auf 4,7 l erhöht und mit ihm stieg die Leistung auf 300 PS. So entstand die S- Version, die zwar auch nicht die Verkaufsrekorde brach, Mercedes und BMW aber mehr als einen Kunden abspenstig machte. Das veranlaßte Porsche, im gleichen Trend weiterzumachen. 1985 erhielt der 928 S neue Zylinderköpfe mit zwei obenliegenden Nockenwellen und vier Ventilen pro Zylinder, die ursprünglich für den amerikanischen Markt entwickelt worden waren und den Leistungsverlust der Katalysatorenmodelle ausgleichen sollten.

Eine Front ohne scharfe Kanten, ein Luftleitflügel anstatt des diskreten Heckspoilers gehören zu den Merkmalen, die den 928 S4 vom 928S unterscheiden.

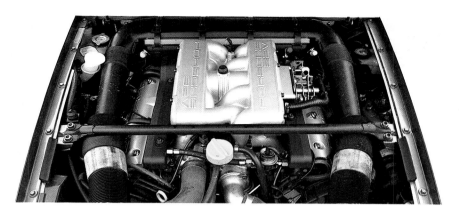

Der Hubraum des V8 war auf 5 Liter vergrößert worden. Er unterschied sich außerdem durch 4 Ventile pro Zylinder von seinem Vorgänger, ein vom Werk auf den Ansaugleitungen vermerktes Detail, wohl weil der Motor selbst kaum zu sehen ist.

Ausgewogenheit und Kompetenz kennzeichnen den 928S. Dieses seriöse Hochleistungs-Automobil überläßt Effekthascherei der Konkurrenz.

Dann wurde die Baureihe nach einer erneuten Leistungserhöhung um die Version S4 erweitert, die auf diesen Seiten zu sehen ist. Die 16-Ventil-Zylinderköpfe krönten nun einen auf 100 mm (statt 97 mm) aufgebohrten Block, der mit seiner Original-Kurbelwelle 5 l Hubraum erreichte und 320 PS entwickelte. Das Werk kündigte 270 km/h Spitze und 6 Sekunden an, um von 0 auf 100 km/h zu beschleunigen. Diese Verbesserungen waren optisch von diskreten Karosserieretuschen begleitet, die den Cw-Index von 0,39 auf 0,34 reduzierten, d. h. um 5 Punkte verbesserten. Der diskrete Spoiler des S-Vorgängers hatte einem richtigen Luftleitflügel Platz gemacht. Front und Heck mit den berühmten integrierten Stoßstangen waren neu entworfen worden, um sogar die allerletzten noch vorhan-

Der Heckflügel des 928 S4 ist subtiler und diskreter als der »Picknick-Tisch« des 911 Turbo. Damit sind auch schon die unterschiedlichen Eigenschaften dieser beiden Prestige-Porsche mit vergleichbaren Leistungen und Preisen beschrieben.

denen Vorsprünge und Kanten zu beseitigen. Sogar verkleidete Lufteinlässe lenkten den Frischluftstrom durch den Kühler. In dieser Version registrierte der 928 S4 mit dem 911 Turbo vergleichbare Leistungen. Ob das Aschenputtel der Porsche-Familie endlich die verdiente Anerkennung erhalten würde? Seine Persönlichkeit hatte sich zweifellos gewandelt, und der aggressive Charakter des jüngsten großen Porsche wurde von seinen Goodyear Eagle-Reifen unterstrichen. Das Abrollgeräusch dieser breiten, direkt von der Formel 1 abgeleiteten Reifen war zwar überdeutlich vernehmbar, aber dafür sorgten sie für optimale Bodenhaftung. Sie begleiteten die Fahrt mit einem tiefen Dauer- Brummton,

führten aber so zielsicher durch den Verkehr als verfügte der 928 S4 über persönliche Gleise. In einem Auto dieses Typs lösen sich alle Probleme wie von selbst. Der Fahrer hat den Eindruck, als bewege er sich in einer anderen Dimension, in der das Raum-Zeit-Kontinuum und die Gesetze der normalen Welt nicht mehr existieren. Kaum glaublich, daß die vom 928 S4 so mühelos erreichten 270 km/h Spitzengeschwindigkeit von anderen Hochleistungsberlinettas mit so viel Mühe errungen werden müssen. Diese Spitze ist beim S4 kein nur unter besonders günstigen Umständen erreichbares hypothetisches Maximum, sondern jederzeit realisierbare, allen Fahrsituationen angepaßte, praktische Wirklichkeit.

Das Gefühl der Sicherheit wird durch die bei starkem Lastwechsel in Kurven eine Führungsrolle übernehmende Weissach-Hinterachse

MOTOR
- **Position:** Vorn.
- **Anordnung:** Längs.
- **Typ:** V8-90°.
- **Kühlung:** Wasser, Kühler vorn, 2 elektrische Lüfter.
- **Hubraum:** 4957 cm³.
- **BohrungxHub:** 100x78,9 mm.
- **Verdichtung:** 10,0:1.
- **Bauart:** Block und Zylinderköpfe aus Aluminiumlegierung, Kurbelwelle mit 5 Lagern aus Schmiedestahl.
- **Ventiltrieb:** 2x2 obenliegende Nockenwellen, 4 Ventile in V- Anordnung pro Zylinder.
- **Gemischaufbereitung:** Elektronische Einspritzung »Bosch LH- Jetronic«.
- **Zündung:** Elektronisch, Typ EZK mit Kennfeldsteuerung.
- **Schmierung:** Ölsumpf.
- **Max. Leistung:** 320 DIN-PS (235 kW) bei 6000/min.
- **Max. Drehmoment:** 43,9 mkg (430 Nm) bei 3000/min.
- **Höchstdrehzahl:** 6600/min.

noch verstärkt. Das ABS- System trägt ebenfalls seinen Teil zur Verbesserung des Komforts bei. Die Achslast ist mit präzisen 50% ausgewogen auf Vorder- und Hinterachse verteilt, was den 928 S4 zu einem wendigen Kurvenkünstler macht. Der Innenraum strahlt die gleiche etwas unpersönliche Kompetenz aus wie das gesamte Auto. Glücklicherweise verzichtete man beim 928 schon bald auf den häßlichen karierten Bezugsstoff im Vasarely-Stil. Trotzdem blieb das Interieur, wie in vielen anderen deutschen Autos, etwas düster, obwohl der Porsche zu den wenigen Autos gehört, bei denen Interieur und äußere Erscheinung perfekt aufeinander abgestimmt sind. Man findet mit Genugtuung im Innenraum die gleichen weitläufigen Rundungen wieder, wie bei der Karosserie.

Die Elektronik spielt beim Porsche 928 S4 eine diskrete Rolle, z. B. bei den Außenspiegeln und den elektrisch regulierbaren Sitzen, die automatisch in die gespeicherte Ausgangsposition zurückkehren. Zu den ungewöhnlicheren Raffinessen gehört das Konzept von Lenkrad und Instrumentenbrett: Das Lenkrad kann verstellt werden, ohne den Überblick über die Instrumente zu beeinträchtigen. Es ist Platz im S4, obwohl die Sitze weit auseinandergerückt sind, um Raum für die in einem starren Verbindungsrohr befindliche Antriebswelle zu schaffen, die den Frontmotor mit der im Heck untergebrachten Getriebe-Differentialeinheit verbindet. Diese Anordnung hat im Innenraum zu einem voluminösen Kraftübertragungstunnel in der Wagen-Längsachse zwischen den Sitzen geführt.

Noch besitzt der 928 nicht die unvergleichliche Persönlichkeit seines Vorgängers 911 und es dauert länger, bis das Eis zwischen ihm und seinem Fahrer gebrochen ist, aber er ist gewiß der fortschrittlichste Vertreter seiner GT- Kategorie.

KRAFTÜBERTRAGUNG

- **Antrieb:** Auf die Hinterräder; starres Antriebswellenrohr zwischen Motor/Kupplung vorn und Getriebe/Achsantrieb im Heck.
- **Getriebe/Hinterachsantrieb:** Mechanisches Porsche- Fünfganggetriebe mit RG. Automatisches Vierganggetriebe zur Wahl.
- **Achsübersetzung:** 2,636:1.
- **Getriebeübersetzungen:**
- I. 3.765, II. 2.512, III. 1.790, IV. 1.354, V. 1.000

KAROSSERIE UND FAHRWERK

- **Rahmenstruktur:** Selbsttragende Karosserie aus verzinkten Stahlblechen. Haube und Türen aus Aluminium.
- **Luftwiderstandsindex Cw:** 0,34.
- **Radaufhängung:** Einzeln, mit Federbeinen, Schraubenfeder/Teleskopstoßdämpfer;
- vorn: Doppelte Dreiecksquerlenker, Stabilisator.
- hinten: Unterer Dreiecksschräglenker, oberer Querlenker und Schubstrebe, (Weissach-Achse), Stabilisator.
- **Lenkung:** Zahnstange mit Servolenkung.
- **Bremsen:** Innenbelüftete Scheibenbremsen mit Bremskraftverstärker und Antiblockiersystem (ABS).
- **Felgen und Reifen:** Felgen aus Leichtmetall;
- Reifendimension vorn: 225/50 VR 16.
- hinten: 245/45 VR 16

ABMESSUNGEN UND GEWICHTE

- **Radstand:** 2500 mm.
- **Spur vorn/hinten:** 1551/1546 mm.
- **Gesamtlänge:** 4520 mm.
- **Breite:** 1836 mm.
- **Höhe:** 1282 mm.
- **Gewicht:** 1589 kg.

FAHRLEISTUNGEN

- **Höchstgeschwindigkeit:** 270 km/h (265 km/h mit Automatikgetriebe).
- **Beschleunigungen:**
- 0 auf 100 km/h: 5,9 s.
- 440 m mit steh. Start: 14,0 s.
- 1000 m mit steh. Start: 25,2 s.

KRAFTSTOFFVERBRAUCH

- bei 90 km/h: 9,4 l/100 km.
- bei 120 km/h: 10,8 l/100 km.
- Stadtverkehr: 19,6 l/100 km.

PORSCHE 959

Der Porsche 959 ist die – vorläufig – letzte, aber wahrscheinlich nicht allerletzte Variation um das Thema 911. Diese »Kunst der Fuge«, wie sie bei Porsche verstanden wird, hat zu einer technischen Spitzenleistung geführt: Zwei Turbolader, Allradantrieb, vier obenliegende Nokkenwellen, sechs Schaltstufen und 24 Ventile; elektronisch geregelte Radaufhängung, Kraftübertragung und Gemischaufbereitung, mit denen 300 km/h leichter, sicherer und bequemer erreicht werden, als bei irgendeinem anderen Auto auf der Welt. Professor Porsche kann zufrieden sein: Sein Volkswagen hat viel dazugelernt.

Der 959 taucht in der Porsche-Familie auf wie eine Fuge von Bach am Ende eines gemischten Chors. Es gibt bereits derartig viele Variationen um dieses Thema, daß man sich fragt, was dem Komponisten bzw. Konstrukteur dazu noch einfallen kann. Trotzdem diente es einer automobilistischen Schöpfung als Basis, die an Leistung und Kompliziertheit alles bisher Dagewesene übertrifft. Genauer ausgedrückt, wiederholt Porsche mit dem im September 1983 in Frankfurt vorgestellten 959 den zehn Jahre früher mit dem 930 alias 911 Turbo erzielten Knalleffekt. Wieder handelte es sich um einen als komfortablen und luxuriösen GT aufgemachten echten Rennwagen.

Wie der 911 Turbo (aber wer erinnert sich noch daran?) diente der 959 einem bestimmten Zweck: Er sollte in der Gruppe B homologiert und in der obligatorischen 200-Stück-Serie gebaut und verkauft werden.

Das Ziel war schon bei der Vorstellung erreicht: Begeisterte Anhänger rissen sich um die 200 zukünftigen Exemplare wie Kinder um eine Handvoll Bonbons. Das Werk überließ sie den Kunden zwar zum halben Preis, der betrug aber immer noch runde 400000 DM. Wie gewöhnlich hatte man nichts dem Zufall überlassen. Selbst die Wahl des 911 als Thema dieser »Kunst der Fuge mit Weissach-Akzent« war kein Zufall: Um die überreichlich vorhandene Motorkraft optimal in Betriebskraft zu verwandeln, bedurfte es des Allradantriebs. Die Bauweise des 911 mit seinem überhängenden Heckmotor war dazu bestens geeignet, ohne daß z. B. auf die technischen Spitzfindigkeiten eines Audi Quattro zurückgegriffen werden mußte. Da der Hubraum in der Gruppe B, mit Umrechnungsfaktor 1,4 für Turbo-Motoren, auf 4 l begrenzt ist, war dem 959 eine Leistungsgrenze von 2,8 l gesetzt.

Auf dieser Basis setzte man bei Porsche das gesamte, im Laufe von 25 Jahren mit dem nicht tot zu kriegenden Sechszylinder-Boxer entwickelte technische Arsenal ein. Das war keine Kleinigkeit: Zwei wassergekühlte Abgas-Turbolader mit Wärmeaustauscher, 24 Ventile, vier obenliegende Nockenwellen, wassergekühlte Zylinderköpfe und luftgekühlte Zylinder, Titanpleuel, nitrithärtete Kurbelwelle, natriumgekühlte Ventilsit-

ze, hydraulische Stößel für den Ventiltrieb. Damit gab der Boxer 450 PS bei 6500/min ab. Der Drehzahlregler sperrte die Benzinzufuhr erst ab 7600/min.

Die lange Ansprechzeit am Gaspedal bis zum Einsetzen des Laders ein notorisches Manko der Turbo-Motoren war dank einer sinnreichen Strategie behoben worden: Die beiden Lader traten hintereinander und nicht gleichzeitig in Aktion. Ein Lader arbeitete permanent, der zweite übernahm seine Funktion ab einem Ladedruck von zwei bar, bis ein Regelventil die Frischluftzufuhr bei erreichtem optimalem Ladedruck stoppte. Damit wurde eine kontinuierliche Kraftentfaltung ohne ruckartig einsetzenden Vorschub erzielt.

Das Getriebe zählt nicht weniger als sechs Gänge, um über den gesamten nutzbaren Drehzahlbereich eine möglichst regelmäßige Abstufung zu erzielen. Aber das ist noch nicht alles. Der 959 zeichnet sich durch Muskelkraft, aber auch durch Gehirn aus: Sein faszinierendstes Merkmal sind die völlig automatisch ablaufenden elektronischen Regelungs- und Steuerfunktionen. Mikroprozessoren regeln nicht nur auto-

matisch Gemischaufbereitung und Zündung, sondern auch Kraftübertragung und Federung. Die Verteilung des Kraftflusses an die Vorder- und Hinterräder geschieht über eine Mehrscheibenkupplung, die von einem »schwarzen Kasten« je nach dem gewählten gespeicherten Programm (Geländefahrt, Glätte, Regen, Trockenheit) gesteuert wird. Dieses Programm regelt auch die Sperrwirkung der Differentiale nach den Angaben, die Sensoren in Rädern und Getriebe ermitteln. Auch die Federung wird von Computern gesteuert. Bodenfreiheit (die zwischen 120 und 180 mm schwankt) und Dämpfereinstellung passen sich automatisch der Geschwindigkeit an, sodaß bei langsameren Tempo mehr dem Fahrkomfort und bei höherer Geschwindigkeit mehr der Fahrstabilität Rechnung getragen wird. Das heißt, daß die Federung beim Gasgeben progressiv härter wird. Im 959 hat man daher weniger den Eindruck, eine gut funktionierende Mechanik in den Händen zu haben, sondern ein Lebewesen, das seine Leistung auf intelligente Weise den Erfordernissen anpaßt. Der Fahrer verfügt zwar über eine mechanische Kontrolle, aber im Endeffekt entschei-

den Motor-Elektronik und Bord-Computer, wobei im Notfall der Befehl des Fahrers gespeichert wird, um ihn zu erfüllen, sobald es die Elektronik für möglich hält.

Porsche schien bei der Herstellung der mit Kevlar verstärkten Karosserie aus Epoxydharz bewußt den 911 als Vorbild genommen zu haben. Der 959 ist vielleicht kein Kunstwerk, aber seine kompakte, makellos glatte Erscheinung wirkt reizvoll und faszinierend. Mit seiner relativ großen Stirnfläche und kompakten Abmessungen ist sein Cw von 0,31 ein beachtliches Resultat. Man kann verstehen, wieso die Leistung von 450 PS auch effektiv abgegeben wird. Die Spitzengeschwindigkeit liegt bei 315 km/h, und in vier Sekunden beschleunigt der 959 von 0 auf

MOTOR

- **Position:** Im Heck, mit Überhang.
- **Anordnung:** Längs.
- **Typ:** Sechszylinder-Boxer-Motor.
- **Kühlung:** Gemischt, Zwangsbelüftung für die Zylinder, Wasserumlauf für die Zylinderköpfe und Turbolader.
- **Hubraum:** 2849 cm³.
- **BohrungxHub:** 95x67 mm.
- **Verdichtung:** 8,3:1.
- **Bauart:** Zylinder und Zylinderköpfe aus Aluminium, Titanpleuel, Kurbelwelle mit 7 Lagern aus Schmiedestahl.
- **Ventiltrieb:** 2 obenliegende Nockenwellen pro Zylinderreihe, Kettenantrieb und 4 Ventile in V-Anordnung pro Zylinder mit hydraulischen Stößeln.
- **Aufladung:** 2 Abgasturbolader KKK, wassergekühlt mit einem Wärmeaustauscher Luft/Luft pro Zylinderreihe.
- **Einspritzung/Zündung:** Digitale Motor-Elektronic Bosch »Motronic«.
- **Schmierung:** Trockensumpf.
- **Max. Leistung:** 450 DIN-PS (331 kW) bei 6500/min.
- **Max. Drehmoment:** 51 mkg (500 Nm) bei 5500/min.
- **Max. nutzbare Drehzahl:** 7600/min.

KRAFTÜBERTRAGUNG

- **Antrieb:** Allradantrieb, Drehzahlausgleich; drehzahlbezogene elektronische Regelung der Schaltvorgänge nach verschiedenen Fahrprogrammen.
- **Konzept:** Porsche-System mit progressivem Frontantrieb über elektronisch gesteuerte Mehrscheibenkupplung.
- **Getriebe:** Vollsynchr. Sechsganggetriebe + RG.
- **Achsübersetzung:** 4,125:1 (8/33).
- **Getriebeübersetzungen:**
- I. 3.500, II. 2.059, II. 1.409, IV. 1.035, V. 0.813, VI. 0.639

KAROSSERIE UND FAHRWERK

- **Rahmenstruktur:** Selbsttragend, aus verzinkten Stahlblechen, Kunststoffkarosserie aus Epoxyharz mit Kevlar und Fiberglas verstärkt.
- **Karosserie:** Coupé 2x2 Sitzplätze.
- **Luftwiderstandsindex Cx:** 0,31.
- **Radaufhängung vorn/hinten:** Einzeln an Dreiecks-Querlenkern und doppelten Schubstreben, automatische Niveauregulierung und Dämpferabstimmung.
- **Lenkung:** Zahnstange, mit Servolenkung.
- **Bremsen:** Scheibenbremsen, innenbelüftet. Bremskraftverstärker mit Antiblockiersystem.
- **Felgen:** Magnesiumlegierung, Zentralnabe.
- **Reifen:**
- vorn: 235/45 VR 17.
- hinten: 255/40 VR 17.

ABMESSUNGEN UND GEWICHTE

- **Radstand:** 2273 mm.
- **Spur vorn/hinten:** 1504/1550 mm.
- **Gesamtlänge:** 4260 mm.
- **Breite:** 1840 mm.
- **Höhe:** 1280 mm.
- **Tankinhalt:** 90 l.
- **Zul. Gesamtgewicht:** 1450 kg.

FAHRLEISTUNGEN

- **Höchstgeschwindigkeit:** 310 km/h.
- **Beschleunigung:**
- 0 auf 100 km/h: 3,9 s.
- 0 auf 200 km/h: 14,3 s.

Wassergekühlte Zylinderköpfe und luftgekühlter Motorblock: Der Sechszylinder-Boxer-Motor des 959 behält einen kühlen Kopf und ein warmes Herz.

100 km/h. Das alles im schallgedämpften und klimatisierten Cockpit mit elektrischen Fensterhebern und Stereoanlage.

Ein Auto, das selbständig denkt und entscheidet: Mit dem Porsche 959 wird das Verhältnis vom Menschen zur Maschine in Frage gestellt.